犬は歌わないけれど

いきものがかり
水野良樹

新潮社

まえがき

自分の日常には、それほど多くのドラマがあるわけではありません。

音楽で生計を立て、テレビやラジオといったメディアに時折顔を出す自分は、カテゴライズするなら〝芸能人〟と呼ばれてしまうたぐいの人間ですが、その実際は日々の制作物の締め切りに追われ、地下スタジオにこもる時間のほうが長い、単調な生活を送っています。

2019年の春より、共同通信社から配信される連載記事として、この本の基となった「そして歌を書きながら」というコラムを書いてきました。

1本につき原稿用紙にして4枚ほどのわずかな文字量なのですが、自分が普段から接している歌づくりと同じように、短いことは必ずしも書くことの容易さを意味しません。短いゆえに、無駄な修飾を削ぎ落とさなければならなかったり、話の道筋をシンプルに整理しなければならなかったり、むしろ、大変でした。

自分の日常が地味であることは間違いないのですが、一方で、この連載を始めた2019年の春より現在に至るまでの期間は、社会的には多くのことが起こった時間でもありました。

平成から令和への改元に始まり、新型コロナウイルスの感染拡大による未曾有の世界的混乱。それを受けての東京オリンピック・パラリンピックの延期開催。やがて歴史の教科書にも刻まれるであろういくつかの瞬間を、リアルタイムで眺められた経験は、振り返ればとても貴重だったのかもしれません。

日常を書きとめたこのコラムも（自分の筆致のつたなさは別にして）、この時代の空気を少しだけ、そのなかに含んでいるのでしょう。

読者の皆さんも、当然ながら自分と同じように、ここ数年間の不安定な社会状況のなかを暮らしていらっしゃるのだと思います。著者としておこがましくも願うのは、読者の皆さんにとって本書が、ここ数年のご自身の日々を思い出す記憶の補助線になることです。同時代を生きる人間として、この本を通して、目の前の困難な日常について、一緒に語り合うような感覚になれたのなら、それ以上嬉しいことはありません。

「みなさん、どうか健康に気をつけて」

そんなありふれた言葉が、まだ重い意味を持ってしまう日常です。

この本を手にとってくださったあなたと、あなたの大切な人々が、どうか穏やかな日々を過ごせますように。

水野良樹

犬は歌わないけれど　目次

犬は歌わないけれど

装画　COFFEE BOY

未来はどこにあるの

「未来はどこにあるの」

自分の本業であるJポップの歌詞にでも出てきそうなフレーズだが、つい先日、実際に投げかけられて困ってしまった。相手が大人ならば面倒なことを言う奴だなと笑ってごまかせるかもしれないが、そう簡単ではない。

質問者は3歳のわが息子だ。

本人はいたって真剣だ。彼はつぶらな瞳でまっすぐに問いかけてくる。

子どもの成長の早さにはいつも驚かされる。ついこの間まで単語を羅列するような喋り方しかできなかったはずが、気がつけば立派な会話になっている。誰に似たのか口先は達者なようで自己主張も目立ってきた。親としては手を焼かされているが、白状すれば、それはそれでかわいい。喜怒哀楽を素直に表現してころころと変わる表情は見ていて楽しい。

ある晩、いつものようにわがままを言い出した。「まだ遊びたい」と寝付かない。なんとかベッドにまで連れていき、背中をさすりながら寝かしつける。やっとウトウトしたところで、なだめるつもりで「また明日ね」と口にしてしまったのがいけなかった。3歳の幼い〝哲学者〟は、その不用意な言葉を聞き逃さなかった。

「明日っていつ?」

質問攻めが始まってしまった。こうなるとキリがない。彼が納得する答えが出るまで延々と言葉のキャッチボールが続いてしまう。はたして終わらないやりとりの中でこちらがこぼした「未来」という言葉に冒頭の質問を返してきた。

言葉そのものを知らないこともあるけれど、どうやら幼い彼は時間の概念がまだうまく理解できていないようだった。無理もない。目の前の幼な子は生まれてきてから、まだ3年しか経っていない。

物心がつき始めたばかりで思い出と呼べる過去は少ない。そこから想像できる未来も小さい。だから息子はほぼ〝今〟だけを生きている。未来ってなに? 過去ってなに？　ねだるように尋ねられて、困ってしまった。

これが、いざ説明しようとすると本当に難しい。3歳児が理解できる平易な言い回しだけで時間の概念を説明するのは至難の業だ。

「起こっていないことが未来で、起こったことが過去だよ」

苦し紛れにそう伝えるが、首をかしげたままだ。

「さっき夕ご飯でトマトを頑張って食べたよね？　あれはもう起こったことだから過去なんだよ」と続けると息子が驚いた顔をして「え？　トマトがぷんぷんしてたの？」といぶかしがる。「起こった」を「怒った」と思ってしまったらしい。

可愛らしい勘違いにたまらず笑ってしまったが、ずるい父親は笑いながら、どうにか違う話題に変えられないかと考えていた。大人が理解しているつもりになっているものごとの本質を、子どもは無邪気に突いてくる。

38年間生きてきた大人の自分にはそれなりの量の過去が蓄積されている。今まで続いてきたのだから、春が来てやがて冬が訪れ、同じように日々が続いていくはずだと楽観することができて、未来も想像できる。

だが、3歳の子どもには目の前の今しかない。今だけに集中して彼は生きている。おもちゃもアイスクリームも今すぐ楽しみたい。大人のように後回しにはできない。未来があることをまだ十分に体感できていない彼にとって「あとで遊べる」「あとで食べられる」という大人の言葉を信じることは、とても難しいことなのだ。

しかし、そこで思い至ることがある。大人である自分が想像する未来だって実は予想という名の虚像にすぎず、この先に必ず在るという保証などないのではないか。いつも未来は不確かで「突然」や「想定外」を強いるものだった。

考えてもみてほしい。この数十年を。どれだけ多くの「想像できない未来」が目の前に現れたか。彼と自分は同じ今に立っている。この幼な子の笑顔がいずれ迎える未来を自分だって知らないじゃないか。

だが、彼と自分とでは、ひとつ違うことがある。過去や未来を想像できる自分は彼とは違う思いを胸に抱えることができる。

それは願いだ。願いのもとに自分は彼に接している。

かつて自分が子どもだった頃、自分にも願いをもって接してくれたひとたちがいた。年を経て過去を有した者たちが、まだ無垢な次の世代の者たちに願いをもって向き合う。そうやって僕らは願いを羅針盤代わりにして、不確かな未来という大海を、どうにかみんなで泳いできたのではないだろうか。

どうか幸せな未来が訪れてほしい。そしてこの今が、いつか幸せな過去となってほしい。そんなことを願って、父は今、君を笑顔で見ている。

再会

「久々に会わないか」

高校時代の友人から連絡が来た。

聞けば仕事で中国の広州に赴任することになり、家族全員で移住して数年は帰ってこないという。それはぜひ送別をさせてくれとなって、互いに予定を擦り合わせたが、結局二人の都合がついたのが平日の昼間。日比谷の少ししゃれたレストランで一緒にランチをとることになった。

「大丈夫かよ、そんな普通の格好で。一応、おまえ芸能人ってやつだろ」

帽子も被らずメガネもかけず、何か素性を隠すような工夫は全くしないで待ち合わせ場所に現れた自分を見るなり、彼は笑った。

「どこぞの大スターならともかく、俺なんかが街中で声をかけられることなんてめったにないよ」と答えると「変わらないなぁ」と嬉しそうに言ってくれたが、そんな無用な気遣いをさせてしまっているのだから、二人の現在地は高校生の頃とはやはり少し違うのだろう。

新天地では数十人の部下を束ねる管理職になるという。

なんと部下になるのは全て現地の中国人の職員の方々なのだという。皆さん大変有能で多国語を操り、仕事のコミュニケーションも日本語でできるそうだ。

「とはいえ文化も価値観も違うからね」と彼はわずかながらの不安を口にした。だが、それが頼りない弱音に聞こえたかというとそうでもない。彼の言葉の端々には自分が任された仕事に対する誇りや責任感がうかがわれて、新しい挑戦への静かな覚悟がそこにはあるようだった。自分が知っていた頃の彼よりも、目の前にいる男の顔は頼もしかった。

高校時代。僕らは学校帰りによく地元のファストフード店に仲間たちと立ち寄った。その店は商店街のメインストリートに面していて、2階の窓際席に陣取ると、通りを歩く人々の姿がしっかりと見える。思春期の男子高校生だ。その窓から道を行く他校の女子生徒たちの背中を眺めては、かわいい子がいないかとよく皆で騒いでいた。ろくに恋愛の経験もない少年たちだったから、妄想だけを膨らませて、本当にくだらない話ばかりしていた。でも、そのろくでもない時間も振り返れば懐かしい青春の日々ではある。

ハンバーガーひとつ買うのにだって小遣いを計算して頭を悩ませていたのが、都心のレストランを予約し、生意気にコースランチを頼み、相手を気遣いながら、いっぱしの大人として品良くイタリアンを食べている。話題はお互いの子どものことばかりで、やんちゃぶりに手を焼いていることを苦笑いしながらも、元気な成長に喜びがあることを二人で共感しあう。

これからは異国の新しい環境で生活を築いていかなければならない。そのことで大きな負担をかけてしまうのではないかと、彼はパートナーである奥さんのことをしきりに心配していた。今の彼には守りたいものがある。そしてそれは自分も同じだ。20年ほどの年月が経った。僕らはそれぞれに歩いて来て、少し遠くまでたどり着いた。多くのことがやはり変わったのだと思う。

「もう、そろそろか？」

スマホを取り出して、テーブルの脇に立てかける。実はその日は新元号が発表される日だった。音声を消した小さな画面を二人で黙って眺める。

画面のなかで、額が掲げられた。

「令和か、新鮮だな」

時代も変わる。全てが変わっていくなかで、変わらない友情もある。

彼も僕も新しい日々を迎えた。彼は笑っていた。

高校生デビュー

私は褒められて伸びるタイプです……と言うと、なんとも扱いが面倒な人に思われてしまうかもしれないが、特に物事をスタートするときに、褒められることは大事な動力になるよね、という話だ。

秋は学園祭シーズンということで、担当するラジオ番組などでも学生時代の学園祭での思い出を語ってくれと言われる場面が増えてきた。このようなとき、自分はしばしば高校時代の文化祭の思い出話をする。

もう20年くらい前になるが今でも鮮明に覚えている。話せと言われれば、まるで昨日起こったことをリポートするかのように、そのときの光景を詳細にすらすらとしゃべることができる。

母校の神奈川県立厚木高校の文化祭には当時、ちょっと変わったシステムがあった。毎年、文化祭のテーマソングを校内で広く募集する。昼のお弁当の時間に校内放送で候補曲を流し、コンテスト形式の全校投票で、その年のテーマソングを決定するのだ。大賞に選ばれると文化祭当日、学内で最も目立つ中庭のメインステージで全校生徒を前に、そのオリジナル楽曲を披露することができる。まさしく校内のスターになれる。熱くならないわけがない。

当時はバンドブームだったから、校内だけでもオリジナルバンドが20組ほどいた。みんな高校生ながらに一生懸命に楽曲をつくってきて、こぞってそのテーマソングコンテストに応募し、しのぎを削るのだ。自分も当時同級生たちと組んでいたバンドで参加した。このときの経験は音楽活動の原点と言ってもいい。

考えてみれば、自分にとってはこのときが初めて〝他人に曲を聴いてもらった〟瞬間だった。それまで中学、高校と遊びでメロディーを書いてみたりしたことはあったけれど、しっかりと曲の体裁を整えたものを誰かに聴いてもらうのは、このときが初めてだった。仰々しく言ってしまえば、ソングライターとしての人生をスタートした瞬間とも言える。なかなかに重要なターニングポイントではある。

自分に才能があるかなんて分からない。曲はできたけれど、これを良いと思っているのは自分だけかもしれない。もしかしたら、とんでもない駄作で、みんなに聴かせたら笑われてしまうのではないか。最初の不安はそれは大きなものだった。

そこで自分は身内のバンドメンバーでもなく、全くコンテストとは無関係だった友人のS君に、先に曲をこっそり聴いてもらうことにした。

反応を見てみたかったのだ。S君はいわゆるお調子者と呼ばれるようなキャラクターで性格が明るくてとにかくノリがいい。たとえ曲が良くないと思っても、彼なら笑い飛ばしてくれそうな気がした。彼が持ち前の陽気さで上手に冗談にしてくれれば、こちらが傷つくことも少ないだろう。

忘れもしない。放課後、教室の黒板の前でギターを抱え、弾き語りで彼に曲を聴かせた。歌い終わると、一瞬、沈黙があった。そもそもあのS君が、いくら曲を聴くためとはいえ何分も黙っているということは珍しいから「ああ、相当ダメだったのかな」と体が強張った。

すると次の瞬間、S君はのけぞるほどに体をそらせて、叫んだ。

「水野君！　マジすげぇよ！　超いい曲じゃん！　天才だよ！　マジ、すげぇ！」

自分からは叫んだと思えるくらい、大きな声で褒めてくれた。

あの日の彼の反応が自分の人生を変えたと思う。

正直、自分の才能はそれほどでもなかったと思う。だが平凡な才能の背中を押して、その後の人生を懸命に走らせるには十分な自信を、彼はその叫び声で与えてくれた。俺はできるかもしれない。勘違いでもいい。

そう思わせてくれたあの瞬間がなければ、おそらく今はない。

好きを仕事に

「好きなこと」を「仕事」にして生きていくためにはどうすればいいですか？　ラジオ番組などの企画でリスナーからの相談を受け付けると、思春期の学生さんからよくそんな質問をもらう。おそらく彼らからは、自分は「好きなこと」を「仕事」にできた人間に見えていて、そこに至るまでの道筋を知っていると思われているのだろう。確かに音楽は好きだし、現在その音楽を生業として生活ができていることは幸運にも事実だから、今までの経験を語ることはできるかもしれない。だが、それらは彼らの背中を押すような都合の良い〝答え〟にはならないとも思う。「好きなこと」を「仕事」にした人たちが向き合う日々は、必ずしもキラキラとしたものではないと思うからだ。

あくまでも「仕事」とするならという前提で話を聞いてほしい。

社会生活を営む糧（＝わかりやすく言えば、金銭であったり、立場であったり）を得る手段として、あなたの「好きなこと」を用いたいのなら、という前提だ。「仕事」というものはその性質上、外の評価を受けて初めて成立する。

パンが売れるのは、そのパンがお金を支払うに値するほどおいしいだろうと買う人に判断されているからだ。だからシンプルに考えれば、こちらの存在だけで「仕事」は成り立たない。いつも相手がいる。どんなことでも何かを「仕事」にするためには誰か他者の評価を受けないといけない。

そのルールの上であなたの「好きなこと」を「仕事」にするということは、いったいどういうことなのだろうか。それはつまり、あなたの「好きなこと」を容赦のない他者の評価に晒すということだ。

「それがどうした、望むところだ！」と言う人もいるだろう。「好きなこと」はそのままその人の「得意なこと」であることも多く、少なからず自信がある場合がほとんどだ。また「好きなこと」には誰だって情熱を注ぐから、その人のアイデンティティーに深く関わっていることが多い。

音楽で言えば「音楽をしているときが一番自分らしくいられる」とか「音楽とは私の人生そのものだ」などというセリフは、音楽を志す人たちからよく聞かれる。揶揄しているわけじゃない。自分だって同様のことを言ってきたと思う。人生において熱意を持って向き合えるものを見つけられたことは端的に言って幸運だ。だが、そのことと、評価に晒されることに耐えられるかどうかとは、別の問題だ。「好きなこと」や「得意なこと」は言い訳がきかない。

私はそれが苦手だから、本気ではやっていないから、と逃げることはできない。自分が最も戦いやすい場所で負けることの敗北感は大きい。

自分のアイデンティティーそのものだと思っていたことが厳しい評価を受けたとき、人は全人格を否定されたような感覚に陥りやすい。「好きなこと」を仕事にすることは、それがあなたにとって大切なものであればあるほど、自分の存在自体を評価に晒すことと限りなく近くなっていく。

あなたは、あなたの人生そのものを世間の評価に晒すことになるのだ。

それは思っているよりも過酷だ。しかも、追い打ちをかけるようだが、世の中には「好き」の度合いが尋常ではない傑物がごろごろいる。自分の「好き」は生易しく半端なものであると思い知らされる瞬間が何度も訪れる。だが、言い逃れはできない。くじけてはならない。あくまで「仕事」にしたいのなら、彼ら天才とも他者の評価を奪い合わなくてはならない。

「やり続けられるか？」と問われて、それでも足を踏み入れてしまう人がたくさんいる。その覚悟は肯定したい。自分もその一人だからだ。

一つだけ良いことを最後に記しておく。悔いは残らない。

かつての受験生から君へ

午前4時すぎ。街はもう、朝が来る予感の中にいた。夜明け前の黒い空に地平からじんわりと群青色が足されていく。静かだった。早朝アルバイトをしていた東名高速道路の海老名サービスエリア。実家から自転車で走って、従業員通用口に着くまで10分ほど。一日が始まる前のしんとした静けさの中で、少し急な坂道を上っていく。吐く息は白かった。朝の起きがけにペダルをこぐのは大変だったが、10代のあの頃は、それに耐えられるだけの若さがあった。

そこまでする動機が何だったのか、今でもうまく説明ができない。追いかけていた目標がかなう確証などなかった。もしかすると、二度目の大学受験に費やしたこの1年は、丸ごと無駄になってしまうかもしれない。やめておけばいいのにと言われたこともあったし、そもそも相談する相手もいなかったから日々は孤独だった。青くさい意地のようなものだったのか、18歳の自分はこの手でおのれの人生の扉をこじ開ける生々しい感触を味わってみたかった。夢中でペダルをこぎ、その勢いで夢ごと若い体を前に進めようとしていた。もう20年近く昔のことだ。時の流れの速さに目眩がする。

自分は少し変わった浪人生活を送った。

俗に「仮面浪人」と呼ばれる受験スタイルだ。本命の志望校とは別の大学に通いながら、受験勉強を続ける浪人生のことを言う。志望校に合格すれば、通っている大学を退学することになるので、在学している大学の友人たちにはそのことを話しづらい。あたかも今の大学に満足している顔をしながら、隠れて勉強をするひとが多いから「仮面」という呼ばれ方をするのだろう。自分は現役で東京都内の私立大に合格したが、一度立てた目標が諦めきれず、もう一度受験をする決意をした。

第1志望は国立大で、当時、授業料も入学金も安かった。詳細な説明は省くが、さまざまな金銭的な計算と家庭の事情を鑑みると、通常の予備校生となるよりも大学に通いながら再受験して合格を目指したほうが、もろもろの面で負担が少ないという判断になった。

とはいえ再受験は完全なる自分のわがままだったから、受験に関わる諸費用はすべて自分で働いて払うと、よせばいいのに親にたんかを切った。

時給が良かった海老名サービスエリアの早朝バイトで働き、バイトが終わると大学の授業へ。授業が終わると代々木駅に向かい、バイト代で2コマ分だけ受講料を払うことができた予備校の講座を受ける。電車で神奈川県の実家に帰り、復習を終えて眠ると2、3時間後には朝が来て、またバイトへ。その繰り返し。

大人になった自分からすると、よく頑張ったねと声をかけてやりたい気分だが、当時の自分は真反対のことを考えていた。

なぜ自分はもっと全力を尽くせないのだろうか。

がむしゃらに頑張ってみたら分かってしまったのだ。

「本気になったら俺はできる」と子どもっぽく思っていたことは、とんだ思い違いだった。本気になっても自分はたいして何もできない。そんな事実が喉もとに突きつけられた。理想の頑張りにはたどり着けない。情けなさにまみれた毎日。

しかし、自分はそのとき、初めて理解することができたかもしれない。理想の投影ではない等身大の自分自身を。自分の背丈が分かっている人間ほど、背伸びもうまくなる。自分に対して過度な期待も落胆もしなくなる。やるべきことに素直に向き合える。

結果よりも過程が大切だったという言葉はその日々が過去になった人間が吐く、きれいごとだ。だが受験生よ。今君が、君自身を知れる旅の中にいることは確かだと思う。どうかこの旅から、君の未来のために、君なりのきれいごとを勝ち取ってくれ。それが本当の勝利だと、僕は思う。

母と英語と水泳と

息子が英語教室に通い始めた。教室といっても幼児向けだから大層なものではなく、ゲームや遊びを通して英語に触れる程度だが、それなりに楽しくやっているらしい。家に帰ると、動物のカードをうれしそうに見せてきて「えいごはー？」とあどけない声で聞いてくる。この動物は英語で何と呼ぶのか当ててみろ、というクイズだ。教室で同じことをやっているのだろう。

息子が象を指さす。父ちゃん、それは分かるぞ。エレファント！　キリンを指さす。お、少し難しいがまかせておけ、ジラフだ！　得意げになったところで次の問題に目が点になった。鹿。し、しか？　え、鹿って英語でなんだっけ。いや息子よ、ちょっと待ってくれ。おまえ分かるのか。あたふたしていると息子が大きな声で「ノー！」と首を振る。不正解のときのしぐさらしい。

英語が不得意だ。いや不得意というかほとんどしゃべることができない。

一応、文系の4年制大学を卒業して、義務教育の頃から数えればそれなりの期間をかけて英語を学んできたはずだ。詰め込み教育じゃ実際の会話には役立たなくて意味がありませんよ、なんていう言説は耳にタコができるほど聞かされてきたが、勉学における暗記の重要性をなめるんじゃないよと、受験生の時分は単語帳をボロボロになるまで使い込んで、必死で数千個の英単語を頭に詰め込んだ。

しかし、どうだろう。すぐに紙面に書き出せるほどしっかり覚えたはずの英単語たちは、本人の意思に反して、すっかり記憶の果てへと旅立ってしまったらしい。

父の失敗を繰り返してはならない。水野家の雪辱を託され、年端もいかない今から英語教室に通う息子の小さな背中に精いっぱい手を振るのみだが、冒頭に書いた通り、幸い彼はとにかく楽しいようだ。英語の童謡も習うようで、簡単なダンスも踊りながら、家でも飽きることなく大きな声を出して夢中で歌い続けている。じゃがいもを指さして「ポテト」ではなく「ポテイトぉー」とそれっぽく発音したときは呆気にとられてしまったが、何かを学び取る上でやはり楽しさに勝る原動力はないのだなと、改めて思わされる。

思い返せば子どもの頃、自分は母親に「勉強をしろ」と強制された記憶がほとんどない。母は理知的な人で、息子の自分が悪さをしても頭ごなしに叱ることはせず、何が悪かったのか丁寧に説明し、すべてを自分で考えさせようとした。

進路についても、習い事についても、親としての意見は伝えても、原則は子どもが何をやりたいのかという意思を聞き出し、それに沿って助力してくれた。おかげで自分は現在の仕事においても、自分で考え、自分で意思決定することにとてもこだわる人間になった。その点は母に感謝している。

しかし、そんな母が自律型の教育方針に反して「これは学んでおけ」と強く言ったことがふたつある。水泳と英語だ。

水泳は水難の危機がいつ訪れるか分からないから、泳げないよりは泳げた方がいいだろうという極めてまっとうな理由。英語はこれからは国際化社会だから語学は必須だろうという母の読み。グローバリズムが席巻した21世紀社会を見渡せば、その読みは正しかったと言って間違い無いだろう。

だが、賢明な母の願いはかなわなかった。息子は今も泳げない。苗字に「水」がついている家の子として生まれたのに水が苦手とは、皮肉なものだ。英語についてはもはや幼い我が子に負けている。

やはり人に言われてやることは身につかないようだ。母よ、すまない。

経験を踏まえて思う。息子が学びを楽しむ背中を、あの日の母と同じように僕も笑って、送り出してやりたい。

未来を食って生きていく

現役を引退する野球選手に年下が増えてきた。何か気の利いたたとえ話をしようとしているわけではない。ただ悲しいほどシンプルに、その純然たる事実に驚いている。

「あ、俺ってもう、結構いい年なんだな」と。

１９８２年生まれ。もうすぐ40歳になる。「甲子園に出てる高校球児っていつまでもお兄さんに見えるよね」と、うそぶいていられたのはいつ頃までだったろうか。20代前半くらいまでは本気でそう思っていた気がする。

甲子園の全国大会に出てくるような球児たちは体格も大きいし、厳しい練習のおかげで表情にも鋭さがあって大人びて見える。おまけに自分は野球少年だったので幼少の頃からの憧れが余韻のように心中に残っている。やはりテレビを見れば「すごいお兄さんたちなんだ」と思ってしまう感覚があった。

だが、さすがに今、自分の半分ほどの年齢の高校球児を眺めて本気で「お兄さんだ」とは思わない。勝利にはしゃぐ姿に「やんちゃで元気がいいな」と目を細めてしまうことのほうが多い。あるいはスタンドで応援する親御さんたちの姿を見つめて「あれ？　同世代？」とまで思ってしまう。球児たちが自分の子どもでもおかしくない年齢にはなってきた。

年を重ねていることを前よりも実感するようになったという話だ。未来ばかりを食って生きてきたつもりが、いつの間にか多くの時間が通り過ぎていった。振り返ればそこにはもう十分に過去が連なっている。

同世代の野球選手が戦力外通告を受けていく。グラウンドで躍動していたヒーローたちが思うように結果を残せなくなり「やりきった」と言って引退していく。ときに残酷に思えるほど明確に勝敗が示される厳しい世界。スポーツは身体を使った勝負事だ。だからアスリートたちが向き合う「年齢」とは僕らが向き合うそれとは似て非なるもので、もっと生々しい切実さを持っているのだろう。

自分はいったいいつまで音楽を続けられるのだろうか。

最近よくそのことを考える。もちろん職業としての音楽家であり続けることができなくなる日はいつか来るだろう。自分の努力不足だったり、時代の変化についていけなくなったりして、多くの人に聴いてもらえる作品が書けなくなる瞬間はいつ来てもおかしくない。だが、それが「終わり」であるかどうかは分からない。

たった一人に愛される作品を作ることにも尊い価値がある。

あるいはたとえ誰にも聴かれなくとも、ひたすら自分の音楽を追い求めることにだって素晴らしさがある。要は何を大切にするのか、どこを区切りとするのか、すべて自分で決めなくてはならない。スポーツとは違って、勝敗によって「終わり」を突きつけられないのも、また厳しい世界だなとは思う。

人生は選択の連続だという。言い換えればそれは選択をしなければ前に進めないということだ。「引退」という決断によってアスリートがなしたのは実は「終わり」ではなく「選択」であり「前進」なのだろう。

音楽の世界に生きる自分の先はおそらくまだ長い。

納得のできる選択をしていけるだろうか。
僕はまだもう少し、前に進みたい。

社会人一年生

慣れない数字を前に頭を悩ませている。

2020年の春、自分が所属するいきものがかりは15年にわたり育ててくれた所属事務所から独立し、自分たちで新会社を設立した。高校生の頃に始めたグループも結成20年を超え、メンバー全員が40代を前にしている。幸せなことだけれども、結成当初はこんなに長く続くとは思っていなかった。人生のフェーズは確実に移行していく。10代だった自分たちも大人になり、さらに長く続く先を見据えると、大きなチームに甘えているよりも自立し、フットワーク軽く、より柔軟な活動を目指していく方が良いのではないか。そう考え決断した。

お世話になったスタッフの方々に独立の意向を伝えると、もちろん驚かれた。だが丁寧に意図を説明すると、前事務所は寛大にも理解を示してくれ、独立の発表の際には社長みずから愛情を感じさせる励ましのメッセージまで発表文に添えてくれた。ありがたくも背中を押され、自分たちは新しいスタートを切ることができた。

とはいえ事務所を飛び出して触れる外の世界。すべてが初めて尽くしで戸惑うことばかりだ。このタイミングで巻き起こった新型コロナウイルスによる混乱は、当然ながら激しい逆風となったが、それ以前に、通常のありふれた業務だってそう簡単にはこなせない。

新会社には新しいスタッフたちが集まってくれた。あれこれと実務を担ってくれて心強いばかりだけれど、頼れるからといって今までのようにすべてを人まかせにもできない。これまで対応する必要のなかった事務作業や経理作業も、自分たちの会社である以上、その進展をちゃんと確認しなければならない。一般企業に就職したことがない自分は、帳簿の上にずらりと並ぶ数字を見るだけで、目を白黒させてしまっている。

それでもデビューして十数年は経つから、著作権管理にまつわる知識は多少はあるし、この業種のお金の動きもある程度は理解しているつもりだが、なにせ企業人としての一般常識みたいなものがほとんどないと言っていい。

今になって勉強することばかりで、恥ずかしい限りだ。やっと社会人一年生を迎えた気持ちになっている。だが、新しい経験には面白さもある。情けなくはあるけれど、学べる機会だと考え、前向きにとらえるしかない。

経理事務については専任のスタッフがいるが、自分の知識不足が不安になって、会計や経理の入門書をいくつか買った。付け焼き刃でも読まないよりはましだろう。当てずっぽうに取り寄せた数冊のなかに、ことさら読みやすい本があって、それは「経理畑でないビジネスマンが会計の概要を理解して視野を広げる」ということを主眼とした入門書だった（編注・入門書の書名は『経理以外の人のための　日本一やさしくて使える会計の本』〔久保憂希也著、ディスカヴァー携書〕）。これがとてもわかりやすかった。細かい専門用語よりも具体例が多く提示され、現場で生かせる理解に重きが置かれている。今の自分にはぴったりだった。最後まで一気に読んだのだが、著者のあとがきで思わず手が止まった。この本を書いた理由が短く述べられていた。

その方のお父さまは小さな会社の経営者だったが不幸にも自死されたという。

自分が学んだ経営や会計の知識を父に渡せていたら、もう少し違う未来があったのではないか。父を助けることはもうできないが、これから働く人たちを助けることはできる。そんな思いがこの入門書の執筆につながっている。誇張を加えることなく、さらりと書かれていたのが、余計に心を打った。

スマートで易しい実用書だと思って読み進めていたので、突然立ち現れたドラマに驚いてしまったところもある。どの分野にも自分なりの使命や矜持を持ち、社会にアクションを起こしている方がいる。

そんな当たり前のことを改めて学ばされた。外の世界は広い。

いつかまた、会いにいく

まだ旅はできない。

新型コロナウイルスの感染拡大の影響を受けて、２０２０年春から予定されていた全国ツアーの全27公演が延期となった。本来なら6月末まで続くはずだったこのツアーは、いきものがかりにとっては実に5年ぶりとなる全国公演で、地域によってはライブで訪れるのが10年ぶりといった街もあった。

「放牧」と題して活動休止をしている期間もあったので久々にお客様に直接歌を届けられると意気込んでいたが、感染防止のためにはやむをえない判断となった。

残念だ。数カ月前から準備にはすでに長い時間をかけているし、公演が延期となることで予定されていた仕事がなくなってしまうライブ関係者（イベンター、舞台制作、音響、照明、楽器スタッフ、ミュージシャン、その他もろもろ）への影響を考えると、チームとしては苦渋のジャッジだった。

しかし、この状況ではなすすべもない。百戦錬磨、今まで数々のトラブルを乗り越えてきた猛者であるベテラン制作スタッフたちでさえ困惑していた。本当に誰も経験していないことが起きてしまったのだなという実感を持っている。

とはいえ下を向いてばかりもいられない。

いつか状況が改善すればまた旅をして、ライブを待ってくださっている方々の街へ行くことになるだろう。その日が可能な限り早く来てほしい。そんな願いを胸に保ちながら、今はできることをやっていくしかない。

デビューしてから、今まで数え切れないほど多くの街を訪れて、ライブをしてきた。自分は出無精な性格で、もともとは旅をすることに積極的ではない人間だ。だからこの仕事をしていなかったら、日本全国津々浦々47都道府県すべての地を踏むなんていう経験をすることもなかったはずだ。

ミュージシャンにとってライブツアーというのは自分たちの成長物語を無邪気に実感できるものになりやすい。観客の数が増えていくのはステージからの景色がはっきりと変わるので分かりやすいし、今までライブが成立しなかった遠方の地域で「チケットが完売しました！」と言われると、そんな遠くの場所まで自分たちの音楽が広がったんだと喜ぶことができる。

最初は移動予算もなかったから、ワゴン車のハイエース1台に機材とともに全員で乗り込んで旅をした。福岡などの遠方には14時間ほどかけて移動していた。北海道へは修学旅行生の集団に交ざって夜行フェリーに乗りこみ、大部屋で雑魚寝をしながら津軽海峡を越えて向かった。街から街へ、半日以上かけて移動することは普通のことだったので、たまに2、3時間で到着してしまう移動だと「今日はあっという間だったなぁ」などと言っていた。

それがある頃から変わっていく。新幹線に乗れるようになり、やがては飛行機に乗れるようになる。初めてグリーン席のチケットを渡されたときは喜ぶというより緊張してしまった。なんだこのふかふかの座席は！と驚いたものだ。少し下世話に聞こえてしまうかもしれないけれど、芸事の世界なので、そのような少し夢がある環境の変化も起きたりはする。

だが、だからこそ忘れない。まだ名も知られていない頃、関東からやってきた僕らのようなグループを小さなライブハウスに見に来て、それぞれの土地で熱く出迎えてくれた人たちの表情を。

いつもステージで言っていた。「もっと良い曲をつくって必ずまた来ます」と。その約束をかなえ続けたいと思わせてもらえたことによって、今までもライブツアーをやり続けられたのだと思う。嵐はいつか過ぎ去って、あの街にも必ず春は来る。いつかまた、会いにいく。

たった一人の深い悲しみに

「悲しみ」という感情はその人の心の中の暗がりで、声を殺しながら佇《たたず》むように存在するもので、たとえ誰かが優しさを稼働させて、いくら外から手を伸ばしても、本人以外、誰にも触れることのできないものだと思う。

それはおそらく、不可侵なものだ。

毎朝利用する最寄り駅の近くに交番がある。改札へと向かうときに必ずその前を通る。平穏な日常だ。交番に用事などない。だが入り口に設置された掲示板に何げなく目を向けてしまう。そこには「昨日の交通事故」という文字がある。東京都内で前日に起きてしまった交通事故の死亡者数と負傷者数が掲げられている。

もちろん、どちらもゼロと書かれていることが一番いい。だが交通量が膨大な都心にあってそれは叶えがたい夢なのだろう。下段の負傷者数の欄には緑色で、そして上段の死亡者数の欄には赤色でそれぞれ数字が表示されている。死亡者数の欄に書かれている数字がいつも気になってしまう。ゼロだとほっとする。

しかし、時折「1」や「2」という数字を見つけてしまうことがある。

昨日、突然の事故によって誰かがこの世を去っている。

「今、悲しんでいる人がいるのだな」と知らない場所で起きた悲劇に胸の奥が少しだけ痛む。別に自分のことを心優しい人間のように言うつもりはない。むしろ逆だ。

改札を通りすぎて階段を上り、ホームに滑り込んできた電車に乗り込む。そうやって日常の中へと動きだしてしまえば、今しがた目にした掲示板のことなどすぐに忘れてしまって、何事もなかったかのように自分も生活へと戻っていく。

街の喧騒の中で数字はやはり数字でしかない。この数字のもととなった悲劇の前では、きっと悲しみに泣き崩れている名も知らぬ誰かがいる。だが、その人の悔しさやつらさを、この掲示板の前から細やかに想像することは難しい。

果たして彼、彼女に手を添える人はいるのだろうか。

大きな災害が起きたり、多数の犠牲者を出す惨事が起きたりすると、「みんなが勇気づけられる曲を書いてください」と言われることが職業上よくある。

「音楽の力」なるもので悲しんでいる人たちに向けて励ましの風を送ってほしいと言う。まるで決まり文句のようだ。いや、揶揄しているわけではない。その言葉に首を振るつもりもない。書けるものなら書きたい。誰かの力になれる歌を書くことは永遠のテーマと言ってもいいくらいだ。

だが、交番の掲示板を前にして、ふと思うときがある。

この数字の先にある悲しみにはいったい誰が声援を送り、誰が歌を贈るのだろう。世間のニュースになるような大きな悲劇にはアーティストやタレントと呼ばれる名のある人たちが思いを込めてコメントを寄せる。カメラの前に立ち、笑顔で手を振る。歌を贈る。社会の人々が悲劇が起きたところに目を向けて、温かい言葉を届ける。だが、大部分の悲劇は毎日、人知れず起きている。

「悲しみ」のほとんどは、世界の誰にも知られることなく始まり、誰にも知られることなく終わっている。

昨日、かけがえのない人を失った誰かが一人でその悲しみに向き合っている。その人にしか理解できない深い悲しみに対峙している。考えてみれば、ニュースになる大きな悲劇にだって数字の膨大さの中にかき消されている物語がある。それはあくまで「たった一人の深い悲しみ」の集積なのだ。そのことを忘れてはならない。

「ひとつぶの涙にも向き合い、手を添えられたなら」

以前、そんな歌詞を書いたことがある。今日もどこかで、誰かの人知れぬ悲しみに、自分のもとから旅立った歌たちが手を添えてくれていることを祈る。

親友

1989年のことだ。

小学校の教室の脇には廊下があって、そこに水槽が置いてあった。水鉢のような風流なものではない。四角いガラスの箱に酸素を送り入れるポンプ機が備え付けられていて、そこから黒いコードが伸びて廊下のコンセントにつながれていた。味気も洒落気も無い、ただの水槽だ。そこに数匹放たれていた。

「小学校1年生のときに二人で金魚に餌をあげる係をしていたんです」

ゴールデンタイムの人気音楽番組。子どもの頃からテレビで見てきたスター司会者たちを前にして、そんなことを真面目な顔で答える瞬間が来るのだから、人生なんて本当に予想もつかないものだ。

メダカだったか、グッピーだったか、金魚だったか。実を言うと記憶が定かではない。誰かに説明するときに「金魚」と言ってしまったのはなぜだったか。「おい、あれって本当に金魚だったか？」と今さら聞くのも野暮だなと思うし、確かめる手段もない。メジャーデビューというものを果たしてから、かれこれ15年くらい、あらゆる取材でそう答えてきてしまった。

だから、もはや覆せない。あれは「金魚」だったのだ。いつか万が一、都合の悪い記憶が蘇ってこようとも、そう言い切ることにしよう。

あくまで仕方なく、引き受けた係だった。

黒板に触れられる「こくばんがかり」だとか、保健室に行ける「ほけんがかり」だとか。学校という空間に飛び込んだばかりの少年少女たちにとっては、それらのほうが魅力的で、自分だって、やる気満々で手をあげたけれど、じゃんけんで負けてしまった。何度も負けた。負けて、負けて、また負けて、残った係は何だろうと思って顔をあげると黒板に「いきものがかり」と書いてあった。6歳の子どもたちに「飼育」という言葉は難しい。当時の担任が配慮して「飼育係」ではなく「いきものがかり」と名付けていた。ふと隣をみると同じようにじゃんけんに負け続けた奴がいて、彼の名前は「山下くん」だと言う。薄白い肌をして、おっとりとした美少年だった。

「じゃあ、水野くんと山下くんにはいきものがかりをやってもらいますね」

その瞬間に自分の人生の行く末が決定した。

そんなバカな話があるだろうか。自分だって信じられない。わずか6歳の幼な子が教室でじゃんけんをして、さして仲良くもなかった男の子とクラスのある係をあてがわれた。起きたことは、ただそれだけだ。

「風が吹けば桶屋が儲かる」などと昔のひとは言ったらしいけれど、そんなまどろっこしい遠回りの話じゃない。そこで決まったのだ。バッサリ決まってしまった。

何がって？　何度繰り返したって答えは変わらない。

人生が、だ。

本人たちは気がついてはいなかったけれど、その瞬間、僕らの目の前には長い道が現れていて、それはずいぶんと遠くまで伸びていた。

やがて二人は幼な子から少年となり、少年から青年となった。友情と呼ばれるたぐいのつながりが、とても儚《はかな》いものであることくらいはわかるような年齢になっていった。途中で分かれ道があったり、どこかで道そのものが途切れていたり、しばらく歩いていけば、きっと俺たち二人だって離れるはずだ。互いを下の名前で呼ぶような距離になっても、そう思っていた。

それがどうだろう。歩けども、歩けども、道は終わらなかった。物語はどんどんめくられていって、いつになってもその「山下くん」は隣にいるままだった。

「ほたか、今年いくつになるんだっけ?」

「あ? 39だね」

「ってことは来年40歳?」

「そうだよ」

「まじかー。お前が40かー。びびるなー」

「いや、あんたもだよ。同い年なんだから」

出会ってから30年以上が経って、自分の頭には白髪が目立ち始めた。美少年風の容貌だった「山下くん」はあごひげを生やし、酒好きの風来坊となった。

途中から歌のうまい「吉岡くん（同級生）の妹さん」も入ってきて、二人で歩いていた細い道を3人で歩くようになると、いつのまにかそこは太く華やかな大通りになって、音楽グループとなった「いきものがかり」には沿道から多くのひとたちが声援を送ってくれるようになった。

思い出話は尽きない。

たくさんあって嫌になるくらいだ。外で話せることと、話せないこと。外で話せてしまえることは、きまって周りのひとたちが美談にしてくれて、きれいに演出されて、重宝がられた。

「3人で神奈川の相模川のほとりで練習したんですよ」などと言うと、テレビ局のスタッフさんは目を輝かせて「それでは、その3人の原点の場所でこれまでを語っていただきましょう」なんてロケに誘ってくれる。

CDの宣伝としてはありがたいから喜んでその仕事を受けるのだけれど、そういう企画はいくつもあって、何度も相模川の河原に行くハメになったりする。

「水野さん、この相模川のほとり。3人にとってはかけがえのない原点の地だと思います。訪れるのも久しぶりなんじゃないでしょうか。さぞかし、懐かしいでしょう。最後にここに来たのはいつですか？」

「先週です」

落語の小咄《こばなし》のようだが本当にそうだから仕方ない。

実際には「そうですねぇ。どれくらいぶりですかねぇ」と言葉を濁しながら、番組の企画に沿うように頑張って喋っていた。あるときなどは河原に以前来たときの別番組の台本が落ちていて、気がついたメイクスタッフが、すかさず拾って隠してくれたこともあった。

そういうときこそ、帰りの車のなかで「山下くん」とケラケラ笑いながら「しょうがねーなー」と悪ガキのように面白がった。

神奈川の片田舎の学生に過ぎなかった自分たちの世間での扱いが、めまぐるしく変わっていくのに対して、もちろん戸惑ったり、浮足立ったりしたことはある。成功だと言われるようなことが増えていくと、周囲から「変わった」などと揶揄されることも頻繁になった。

でも内心では「変わってねーよ」と舌を出して悪態をついていた。「こんなことや、あんなことが叶わないかな」と無邪気な心持ちでたくらんでいた少年の頃の感覚が、ずっと二人のなかには残っていた。そうだ。いきものがかりのスタートなんて思春期の少年たちの悪だくみのようなものだった。

それが名前や楽曲が知られるようになると、老若男女に愛されるグループだなんて持ち上げられた。品行方正な奴らだと思われたのか、まるで優等生のように扱われて、聞こえのいい言葉でおだててくれるひとたちもいた。うまいこと表舞台には立ってしまったし、助けてくれたひとたちも大勢いるから、才能の無いなりに頑張らなきゃなと思って背伸びをして振る舞ってきたけれども、ふと我に返れば「なんだよ。エラいことになっちゃったな」と呆れて笑ってしまうような、少年のときと同じ目線をもった自分たちが、心のなかには居続けている。

だって僕らは、この果てしなく長く思える道のりを自分たちの足で歩いてきて、自分たちの目ですべてを見てきたのだから。

大学受験に二人揃って失敗し、浪人生になった頃、近所の公民館の学習室の近くに置いてあった小さなベンチで「いきものがかり」のこれからについて語り合った。受験勉強よりはるかに熱心に喋り合った。

あのときは死ぬほど楽しかったな。

恥ずかしいほどミーハーだった二人は妄想と願望とを好きなだけ膨らませて、自由に、そして無責任に夢を語り合っていた。何者でもなかった18歳の少年たちからすれば到底叶うようには思えない夢物語。でも、だからこそ楽しかった。

それは、いくら遊び続けても飽きないおもちゃみたいなものだった。

信じられないよな。ほとんど叶ったただなんて。

日本武道館のステージ。横浜アリーナのステージ。ゆずとの共演。CDを100万枚以上売ること。他にもたくさん。どれだけホラを吹いていたっけ。

あの頃、出たいと言っていた音楽番組はほぼすべて出演できた。

「ミュージックステーション」に「カウントダウンTV」。「NHK紅白歌合戦」にも出られたし、おまけに「笑っていいとも!」にまで出ることができた。ああ、そういえば「徹子の部屋」にだけは出られなかったな。一度でいいから3人で徹子さんと話してみたかった。実現したらそれぞれの親たちも喜んだだろう。でも、叶わなかったのはそれくらいだ。すごいものだ。上出来にも程がある。

夢中になって「これから」のことばかり話し合って、未来だけを食って生きていた。目の前に続く道を、躊躇なく全速力で走ろうと思っていた。

でも、同じ頃、道の果てで待ち受けている終わりについても「山下くん」と喋り合ったことを自分はよく覚えている。

まだ事務所にも入っていなくて、マネージャーなんていうありがたい役回りのひともいなくて、本当に3人だけで活動していた頃。当時、車を持っているのは「山下くん」だけで、いつも彼が運転してくれて、自分は助手席に、そして吉岡は後部座席に座って、小田急線沿いの駅に路上ライブにでかけていた。

あれはいつだったか。真面目すぎる吉岡がちょっとしたことで意固地になって、自分たちと意見が合わず、軽い口論になった。吉岡を自宅に送り届けると、二人きりになった車内で「山下くん」と決意した。

「あいつは真面目すぎて、まわりが見えないときがあるから。もう、このグループは俺ら二人で支えよう。あいつには歌のことだけ考えてもらって。俺ら二人が両輪になって、あいつを神輿に担いで、あいつを乗っけて、走ろう」

事務所が決まりかけていた。夢物語を現実にするために力を借りなくてはならない大人たちとの出会いがいくつか始まっていて、これから自分たちは、どうやら本気で荒唐無稽な物語に突っ込んでいくらしい。世間知らずだったから怖くはなかったけれど、じゃあ覚悟がいらないかというとそんなわけでもなかった。

「山下くん」はどこか開き直ったように明るく、助手席の自分に言った。

「まぁ、ダメだと思ったら、きっぱりやめよう。俺と良樹がダメだって思ったらそこが引き際だから。ずるずるするんじゃなくて、そう思ったら、そこであきらめよう。そこまでは頑張るしかないわな」

「だな」

あれから長い時間が経って、いつのまにか「そのとき」は来ないような気になっていたところもあったけれど、それはやっぱり勘違いだったのかもしれない。

ここ数年は、あまり「山下くん」と話さなくなった。

夢物語のほとんどは叶って、少年たちの想像を超えたところまで物語は進んでしまった。3人だけで歩いていると思った道には、関わってくれた大勢のスタッフたちやミュージシャンたち、そして全国で出会ったお客さんたちも一緒に歩いてくれていて、とてもじゃないけれど「いきものがかり」は自分たちのものですなんて、軽々しく言えなくなっていた。

二人が「悪だくみ」をする必要なんて、なくなってしまった。

自分たちの願いを超えて遠くまで歩いてきて、たくさんの仲間たちにも出会えて、僕らはとても幸せな状況に身を置いているけれども、どこか寂しさもあった。

「山下くん」もたぶん、そうだったんじゃないか。違うか？

少なくとも自分は、あの車のなかでの二人きりの会話に戻れることがあったらなと、思うことが何度かあった。

音楽の世界に入ってみたら素敵で愉快な天才たちがたくさんいて、敵わないなと思うことばかりだった。とてもやっていける気がしなかったけれど、それでも持ち前の悪ガキ精神で、なんとかたくましく、したたかに生き残ってやろうじゃないかと這いつくばって進んでいった。

でも、そうしているうちに自分と吉岡はどっぷりと音楽の沼にハマっていって、それぞれにもっと自分を音楽にのめりこませたいと思うようになっていた。

少年たちの「悪だくみ」から、あるいは長く続いた青春物語から、少しずつ抜け出していって、夢物語の先にすでに何歩か踏み出してしまっていた。

それはどうやら、今まで3人で一緒に歩いてきた同じ道ではないらしい。

「ダメだと思ったら、きっぱりやめよう」

今の僕らのあいだには、それぞれの人生の進め方の本質に関わるような距離が生まれていて、それはもしかすると「ダメ」という言葉で表せるくらいの大きなもので、ああ、これは道が分かれていくのだと、自分は思うようになっていた。

そして、それはやっぱり彼も同じだった。

いや、彼もきっとそう思うはずだと自分にはわかっていた。

ずっと一緒にいたから。

「違う世界を見てみたい」

もう少し、くだけた言い方だったと思うけれど、そんなたぐいの言葉を吐いたときの「山下くん」の顔は神妙で、あれだけおおらかでいつも悠然としているひとを、こんな顔にさせてしまっているのだから、おそらく、互いの道の行き先を無理矢理一緒にすることは、もう幸せではないんだろうなとわかった。

でも、その言葉に頷くまでに時間がかかってしまった。

あのとき吉岡と自分は黙り込んでしまった。頷くことは最初から心のなかで決めていたのに、頷いてしまったら本当に終わってしまうから、少し勇気が必要だった。

「山下くん」は気まずく流れる沈黙の時間に耐えられなかったのか、少し微笑んだあと、どうしてそう思い至ったかを、二人との間を埋めるようにつらつらと喋っていた。やっぱりこいつは優しい奴なんだなと思った。

6歳のときに目の前に現れた道の果てに立っている。

夢みたいだ。遠くまできた。本当に遠くまで。

今まで「山下くん」のことをいろいろな呼び名で呼んできた。

「ほっち」「山下サン」「ほたか」「やました」

まぁ、呼び名なんてどうでもいいのだけれど。いつも互いにとって一番良い距離感を、互いにわかり合いながら、うまくとってきた。

それが僕らのつながりだった。

他の奴らになんか、わかってたまるかと思っていた。

「水野さんと山下さん。小さい頃から一緒にいて、お互いにとって相手はどんな存在なんですか？」なんて取材で聞かれたときは照れもあって、そしてどこか本気でそう思っているところもあって、頑《かたく》なに「メンバー」だと言い続けた。

「あくまで、友達ではないですから」なんてしかめっ面で言うと、その場は笑いがおきたりして冗談にできるから、それでごまかしていた。

今、互いに手を振る場所に立った。

もう素直になれるところに、二人はいるのだろう。

親友だったのだなと、思った。

2021年6月2日

桜のような歌を書きたい

今年も春が来た。

願わくば、桜のような歌を書きたい。そう、ずっと自分は思ってきた。

東北に震災が起きたあの春にも、家の近所では桜が咲いた。当たり前と言えば当たり前だが、あの春はその当たり前がどれほど尊いものであるかを思い知らされた特別な春だった。

大切な存在を失った人々がいる。家を、生活を、そして桜の木ごと故郷を失った人々がいる。愛おしい姿のまま続くはずだった日常を、失った人々がいる。

情けなかった。歌書きであるのに、どんな歌を書けばいいのかわからない。

嘆きも怒りも励ましも、口にすればすべての言葉が空々しく、圧倒的な現実を前に重みを失って宙に浮いていく。宙に浮いた言葉たちは、まるでこれまでの振る舞いが偽りだったのだと言わんばかりに、その佇まいを変容させてしまった。「明日」という言葉はそれまでに持っていた快活さを失い、その足もとに薄暗い影をまとってしまった。「希望」という言葉だってかつての躍動感を失い、それどころか、いかがわしい軽薄さまで、その表面に露出してしまった。

何を口にしても、今こそ手を添えたい誰かの心には届く気がしなかった。

悲劇を経て、世界は変わってしまったようだ。自分は何もできない。うなだれた目の前で、しかし、桜は咲いた。

変わらずに咲いた。

それは、あっけないほど、美しかった。

桜に誰かを励ましてやろうなどという気持ちはない。

咲き誇ってやろうという見栄もない。誰かの過ちを責めることもない。たとえ悲劇があっても、何も変わらず、何も語らず、遠い過去から続く季節の繰り返しに身をまかせて、桜はそこで咲くだけだ。ただそこに在ってくれることがどれほど優しいことなのか。その姿を見て、知った。

「多くの人々を元気づける歌を」

そんな歌を求められ、自分たちも同様の願いを込めて歌をつくることがある。

しかしそれは簡単なことではない。

言葉とは難しい。誰も傷つけない言葉などありえないからだ。その言葉は踏み越えてはならない一線を越えてはいないか。触れてはならない誰かの傷をえぐってはいないか。甘く優しい愛の歌も、愛からはぐれてしまった人にとっては、ときに刃物より深く心を刺す凶器となりえる。幸福を願う歌の淀みのない眩しさは、幸福を手にできずに苦心する人にとっては、どんな風雪よりも荒々しい暴力になりえる。

「毒にも薬にもならない人畜無害の歌ばかり書いて」と自分はこれまで幾度も揶揄されてきた。だが、あえて言葉を返すのなら、皮肉ではなく事実として、何者も傷つけない無害の歌を書くなど、本来は途方もなく難しいことだ。

姿かたちが丸く柔らかで、口当たりがよいポップソングを「人畜無害」であると疑いも葛藤もなく信じていられるのなら、それはあまりにも幻想と楽観に浸りすぎている。自分はまだ「人畜無害」の歌などにたどりつけてはいない。

まさに今、深い悲しみにあえいでいる人がこの歌を耳にしたら、何を思うのか。その問いの周りを情けなく彷徨《さまよ》いながら、それでも覚悟を決め、その時々に出す答えに身を懸けて、祈るような心情でいつも自分は歌を書いている。

だから思う。泰然と、ただそこに在ることで、多くの人々の心に寄り添うことのできる桜のような歌をいつか書けないか。

喜びも悲しみも。始まりも終わりも。

出会いも別れも。未来も過去も。

希望も、そして絶望も。

人々は実にさまざまなことを桜に重ね合わせてきた。

桜は何もしていない。何も語ってはいない。

春が来て、咲き、そして散る。

ただ、それだけだ。そのありのままを見せることで多くの心を受けとめてきた。

あの人はもういない。咲き誇る桜を見たとき、去年までは隣にあったはずのぬくもりが、もうここにはないことに気づく。同時に、その声を、その笑顔を、ともにした日々を思い出す。寂しさも悔しさも懐かしさもいとしさも、あふれ出る。
それでも、明日を生きていかなくてはならない。
止まらぬ残酷な時の流れのなかを、歩いていかなければならない。
決意する。希望を探す。その人はもう一度、顔を上げる。
そこでは、ただ桜が咲いている。
歌も、そうなれるのではないか。
ただそこに在って、誰かの心と向き合えるものに。
そんな歌を僕はつくりたい。

祖母の手帳

静岡県の浜松市に住む叔父からみかんが届いた。うちには幼稚園児の息子がいる。その子に静岡産のおいしいみかんを食べさせてやれと、送ってくれたらしい。

自分は浜松で生まれた。

育ちは神奈川県海老名市でプロフィールの「神奈川県出身」の言葉に偽りはないのだが、母は自分を産んだとき、実家のある浜松に帰郷していた。お盆の季節、子どもの頃はよく夏休みを利用して浜松に家族で帰ったものだ。

叔父は小さい頃から自分をかわいがってくれた。ことさら祖母が亡くなって以降は、「ばあちゃんが生きていたら良樹のことを気にかけてやれと言っただろうから」と同じく自分をとてもかわいがってくれた祖母の気持ちを引き継ぐような言葉を添え、いつも心配してくれた。みかんを眺めながら、長いこと祖母の墓参りに行けていないなと、少し反省する。

祖母が亡くなったのは自分が14歳のときだった。

当時、彼女の孫のなかでは自分は飛び抜けて最年少で、分かりやすいおばあちゃん子だった。今でも陽気でシャキッとした祖母の声を思い出せる。おしゃべりで社交的で面倒見が良い、優しくて明るい人だった。死に目には会えなかった。だからなのか20年以上たった今も不思議とまだ、彼女がこの世を旅立った気がしない。どこかに祖母がいるような気もするし、そばで見てくれているような気もする。

がんが進行して、末期は記憶や認知もおぼつかず、会話もままならなかったという。だが最後に出た外泊許可で、先に逝った祖父と長年住み続けた自宅に戻ることができた。いつもの家にほっとしたのか、夜眠って、そのまま静かに旅立った。

ベッドのそばでは娘である伯母が付き添って寝ていた。朝起きて隣を見ると、安らかな顔をしていたという。自分の家に帰ってきて、隣には娘がいて、静かに眠るように逝くなんて、なんと祖母らしい死に方だろうと思う。何より残された者たちの心に優しい死に方だった。

おばあちゃん子だったのに自分は一粒も涙を流さなかった。

孫の心に残ったのは朗らかな笑顔と笑い声の記憶だけだ。大人になった今から考えれば、祖母はあえて孫を悲しませずに逝ったのかもなと思えて、改めて尊敬の念を抱く。自分もできることなら、祖母のような死に方をしたいと思った。

歌を書いて名前を知られて、テレビやラジオに出させてもらうようになって。孫のそんな姿を、祖母は見ていない。だが、親戚が集まれば「ばあちゃんが生きていたら浜松中の知り合いに良樹のこと、宣伝して回っているだろうね」と冗談を言って笑いあう。祖母の思い出はいつも、祖母が愛を注いできた者たちのそばにある。祖母の人生という物語が彼女の死を越えてもなお、残された者たちの心のなかで、今も静かに続いている。

祖母の手帳のようなものを見つけたと母に見せられたことがあった。

昭和57年。自分が生まれた頃の記述もある。予定日を過ぎ、なかなか陣痛が来ない娘の身体を案じている。映画のせりふになるような感動的な記述はない。しかし、飾り気のない素朴な文面がむしろ祖母の穏やかな笑顔を思い出させて泣かされた。

あたたかな物語のなかで自分も生まれてきたのだなと思う。そしてその物語は祖母から母へ、母から自分へ、自分から息子へと続いている。

夏は繰り返し、時は過ぎる。

だが思いだけが、そこに、ずっとある。

父が撮りたかったもの

そこに写っているのは物語だと思う。

父は若い頃、写真を勉強していた時期があったらしい。社会人になって結婚して、息子である自分が生まれてからも、カメラは父の唯一の趣味だった。おかげで自分は子どもの頃の写真が大量に残っている。アルバムにして十数冊。父の格好の被写体が自分だった。

撮影仕事のときに、たまたま雑談で幼少期の話題になって、父に撮ってもらった写真をプロのカメラマンに見せたことがあった。父がカメラ好きだったことは言わずにいたのにカメラマンの方は目を丸くして「え、これお父さんが撮ったの？ 構図もフォーカスもしっかりしているよ。上手だね」と褒めてくれた。それを伝えると、父は照れくさそうに喜んでいた。

思春期になるに従って自意識が目覚めてしまって、ことあるごとにカメラを向けられるのが面倒になっていった。「いちいち写真を撮るんじゃねーよ」と反抗期よろしく、突っぱねたりもした。入学式や卒業式の会場で、実に不機嫌そうな顔でカメラをにらむ生意気盛りの自分の写真も何枚か残っている。

時がたって自分も父親となり、今度は写真を撮る側になった。父ほどの腕はないが、幸運にも便利な世の中になっていて、携帯電話でも驚くような画質で撮れるし、数年前に購入したデジタル一眼レフカメラは、設定だけ間違わなければ素人でもそれなりのクオリティで撮影ができる補助機能がたくさん備えられている。だから毎日のように息子を撮っている。あの頃の父よりも熱心かもしれない。

小恥ずかしいが、息子は幼い頃の自分とそっくりな顔をしている。

自分が1歳のときの写真と息子が1歳のときの写真とを並べると、まるで同一人物のようだ。写真の質感だけは時代感が出てしまっているが、それをのぞけば、どちらがどちらかわからないほどだ。それが2歳になっても3歳になっても同じように成長していくから面白い。当の息子本人が「あ！　ぼくだ！」とはるか昔の父親の写真を指さしたりするのだから笑ってしまう。

「これは小さいときのパパだよ。神奈川のおじいちゃんが撮ってくれたんだ」と息子に教えているとき、何かとても長い物語の中に、自分の身を委ねているように感じる。どこまで理解しているのか、息子が「へー」と言って笑う。

ああ、父はこの顔が撮りたかったのか、と思う。

アルバムをめくると過去がそこにある。それは連綿と続く長い日々のひとコマでしかない。1枚の写真に刻まれるのはあくまで〝ある一瞬〟だ。

だが、そこには時が積み重なっていく。

父が撮った写真にはすでにこの世を旅立って、もう会えない親類たちの笑顔も写っている。彼らの未来の先にいる息子が隣で写真を見て笑っている。そのあどけない笑顔にレンズを向けて自分はまた、今という一瞬を撮ろうとしている。

家族の日常とは、そうやって静かにつながれていくのかもしれない。

あの頃、カメラのレンズを向けた父の気持ちがわずかながらも分かるまでに、自分も時間が必要だった。息子もいつか今日の写真を見て、何かを思うときがくるのだろう。そのとき彼は一人なのかもしれないし、誰か愛せる人がそばにいるのかもしれない。それは現在のここからは分からない。

だが、そのときもきっと、写真の中にはたくさんの思い出が立ち現れているはずだ。息子がほほ笑むことのできる物語を、ちゃんと渡してあげたい。

印税の明細から〝愛〟を知る

歌は「愛されて」なんぼだと思っている。

年に数回、楽曲を管理する音楽出版社より「著作権使用料分配明細書」なるものが送られてくる。長くて堅苦しい名称だが、分かりやすく言い換えれば印税の明細書だ。作詞作曲をして印税をもらっていると言うと「夢の印税生活ですね」と茶化されることが多いが、こちらとしては夢でも何でもなく、それが自分と家族の生活を維持するための大事な収入源となるので、それなりの緊張感をもって向き合う現実そのものだ。

会社勤めをされている方が給与明細を見るときと感覚は違うのだろうか。たしかに給与と違って金額が一定ではないので「おお」と声を出してしまいそうになる派手な金額のときもあれば、入金額「132円」と書かれていて、先方が負担した振り込み手数料の方が高かったかもしれないと余計な心配をするようなときもある。デビューした頃は喜んではしゃいだこともあった。

分配の仕組み上、印税は楽曲の発表から数カ月遅れで振り込まれる。場合によっては入金まで1年ほどかかるケースもある。大学卒業と同時にCDデビューして上京。だが、春にリリースされたデビュー曲の印税が振り込まれたのは秋前だった。

テレビの有名音楽番組への出演が叶い、ラジオだとか有線だとか、楽曲は街中でたくさん流れていたけれど、生活は綱渡り。幸い仕事現場に行けば弁当にはありつけたので飢えることはなかったが、初めての一人暮らし、社会人となれば何かと支払わなければならないものは多く、首がまわらない。当時所属していた事務所から最低限生活ができる程度の給料は頂いていたが、ぎりぎりだった。

銀行口座には2千円しか入っておらず、次の給料日まではあと2週間。どうしようかと思いながら最後のお金を引き出しに銀行のATMに向かい、キャッシュカードを入れて暗証番号を打つと、残額表示の桁が増えている。初めての印税だった。あまりに驚いてATMの前で肩をびくっと震わせたのを覚えている。嬉しいというより「助かった」と思う気持ちのほうが、あのときは強かった。

幸運なことにヒットソングと呼んでもらえる曲もいくつか書けて、たしかに明細書の中に夢がある数字が登場してくることも増えた。だが、数字はどこまでも数字だ。それを眺めながらニヤニヤしているのも品がない気がするし、そもそも、こんなこと、いつまでも続くわけがないだろうと自分を戒める気持ちもあって、やがてつとめて特別な感情を抱かないように心がけるようになっていった。

しかし、デビューして10年ほどたって少し感覚が変わった。

印税の明細書に書かれた数字には、その楽曲が社会においてどのように「愛されているのか」を読み解くヒントがある。明細書は細かい項目に分かれていて、それらをつぶさに観察すれば、その楽曲がどんなかたちで使用されたのかを知ることができるのだ。

発売当初はCDが売れず、決してヒットしたとは言えなかった作品が、今ではカラオケで頻繁に歌われ、ピアノ教材の歌集に収録され、結婚式会場のBGMとして使われ、オルゴールのメロディーとして選ばれるなど、立派に社会に根付いていたりする。ほんの数週間だけ聴かれて、はやり物として利益をつくるよりも、むしろ聴き手の皆さんが主体的に選んでくれて、彼らの日常の近いところで長く愛してもらったほうが歌がたどる物語としては幸せな道だ。

自分に初めての印税をもたらしてくれたデビュー曲の「SAKURA」は、実は発売から十数年たった現在も、期末ごとに支払われる印税額が、当時とさほど変わらない。特に春の季節には多くの場所で聴いてもらえている（あるいは歌ってもらえている）のが、明細書の数字からも伝わってくる。

世の中に数々の春の名曲がある中で「おまえもちゃんと愛してもらっているんだな」と少し誇らしい気分になる。歌として、ずっと幸せな道を歩んでほしい。書き手はわが子の背中を見るような気持ちで、いつもそう思う。

今日もコーヒーを飲んでいる

飽きもせず、いつもコーヒーを飲んでいる。

喫茶店やカフェと呼ばれる場所が好きだ。感染予防のために最近は行きづらくなってしまったけれど、以前は他人に驚かれるほど行っていた。

どれほどの頻度か。告白するのが少し怖い。読者の皆さんにぎょっとされてしまいそうだ。白状する。多いときは1日に7軒から8軒も行っていた。いや待ってくれ。どうか最後まで読んでほしい。今からちゃんと説明をするから。

同じ店で何時間も粘ることはしない。長いときで1時間弱だろうか、しばらくすると店を移す。場所を変えることで気持ちが切り替わるのが好きだ。都心とはいえ同じ街にカフェが数十軒もあるわけではないから、1日のうちに2回訪れる店も出てくる。「あれ？　水野さん、朝も来てましたよね？」なんて店員さんに聞かれるうちはまだ序の口で、最近は見慣れたのか、何度行こうが驚かれもしない。

実はポイントカードの得点がたまりすぎていて、数十杯分のコーヒーを無料で頼めるのだが、そこまでくるとポイントを使うのが申し訳なくなり、ほとんど使っていない。ひたすら店の売り上げに貢献する優良な常連客となっている。

それほどまで頻繁にカフェを訪れて、一体何をしているのか。

たいしたことはしていない。この連載のような原稿の執筆だったり、事務仕事のたぐいだったりをこなしている。1日で7軒も8軒も行くようなときは、たまにある長文原稿の仕事か、グループ活動の企画を考えている場合だ。思索に行き詰まると店外に出て街中を歩き、次の店へ入って環境を変えると気持ちも自然とリセットされて、もう一度考えを巡らすことができる。それを朝から晩まで繰り返している。それだけのことだ。だが、ぜいたくではあると思う。

店にもよるがコーヒー1杯とはいえ数百円はする。数回でも重ねれば結構な額になる。それを週に何日も繰り返すとなれば、これはもうぜいたく以外の何ものでもない。浪費だとお叱りを受けてもおかしくない。自覚はしている。だが、このカフェ通いだけは自分に甘くなって許している。

かつての受験生時代。当時、アルバイトで予備校の受講料を工面していた自分は金がなかった。その頃、予備校生で「カフェで勉強をする」と言い放つ優雅な人たちがいて、それがひどくうらやましかった。

「自分だって受験させてもらえるだけ、幸せな環境にいるんだ。ぜいたくを言っちゃいけない」と思いながらも、悔しさの果てに当時決意したのが「いつか俺は毎日カフェに行けるくらいに稼いでやる！」という夢だった。

果たしてその夢を今、忠実に実行している。

デビューして名前が売れて大きなお金が入ってきたときはあった。品行方正を気取るつもりはなくて、今となっては恥ずかしくなるようなぜいたくもいくつかしたと思う。だが、結局、自分の心持ちを支えるのは、派手なことよりも「毎日気兼ねせずに好きなカフェに行ける」というような、日常が豊かになるぜいたくの方であったりもする。考えてみれば、その豊かさはとても尊く、そして実現するのはとても難しい。ましてや日常ががらりと変わってしまった現在ではなおのことだ。

幸せや豊かさを感じさせてくれるのは、コーヒーが何げなくここにあってくれるようなことなのかもしれない。

ほんとうに短い、時の手紙

【2019年　春】

少しばかり過去から、皆さんがいる未来に向けて、この原稿を書いている。不思議な書き出しで始まってしまったが何のことはない。原稿を書いてから実際に文章が世に出るまでには当然〝少しばかりの〟時間差がある。だからこの記事は少しだけ昔に書いた文章ですよと、ただそれだけのことだ。

それぞれ時間の幅に差はあっても、書籍や雑誌、新聞やウェブ、ほとんどの文字メディアにおいて文章の作成と掲載とのあいだには時間差があって、それはこの文章に限ったことではない。だが、この文章には二つの特別な点がある。

ひとつは連載が始まったばかりで事務的な理由で通常より早めに原稿を用意せねばならず、時間差が少し長くなってしまったこと。

そしてもうひとつ。

その時間差のあいだに「元号が変わる」ことだ。

そう、自分はこの原稿を読んでくださっている皆さんが知っているであろうことをまだ知らない。未来から教えてもらえるのなら、尋ねたい。

「新元号は、何になりましたか？」

当然のことではあるけれど、何とも滑稽だ。その時が来れば日本中の誰もが知る新元号。今、記事を読むあなたも知っているのだろう。読者は答えを知っているのに筆者だけが未知のなかにいる。格好をつけて言えば、この文章は時を駆ける手紙だ。

何事もなければ菅義偉官房長官が会見で新元号を発表するのだろうか。新元号の発表といえば、当時の小渕恵三官房長官が平成と書かれた額縁を掲げるあのシーンを思い出す。しかしその印象も塗り替えられているのかもしれない。

菅さんがその時どんな表情をするのかわからないが、そのシーンはこの原稿が読まれる頃にはすでにテレビのニュースなどで繰り返し放送されているはずだ。

「新元号の発表」で思い浮かべられるシーンも、小渕さんの穏やかな笑顔から、唇を締めた緊張感のある菅さんの表情に変わっているのかもしれない。

くどいがこれも過去にいる自分はまだ見ていない。読者の皆さんは「いやそれが意外にも、あの菅さんが笑ったんだよ！」とこの文章を読みながら今、得意げに呟いているのか。もはや想像するしかない。

新しい時代の始まりを迎えた街の空気はどんなものなのか。願わくば、わずかでも希望を感じる風が吹いていてほしい。自分がいる過去と、読者の皆さんがいる未来との時間差はそれほど長くはない。たった数カ月だ。そんなわずかな時間では何も変わらないのかもしれない。だが、たった数カ月どころか、たった1日で世界が変わってしまう出来事があまりにも多かったのが平成という時代でもあった。

自分は小学生になる頃に平成の改元を迎えた。青春時代と呼ぶ日々のすべてが平成だ。世界が変わるいくつもの「1日」を同時代の人間として見てきた。思えばその「1日」の多くは悲劇だった。そして、それらを経ても時代が決して止まってはくれないことも、もう知っている。いくつもの常識が変わり、いくつもの常識が変われなかった。不満を覚えるのか、希望を見出すのか。

いずれにしても明日は未知であり、未知の明日は必ず来る。

まだ見ぬ新しい時代に、向き合わねばならない。

最後に未来の自分に伝えたい。新しい時代に期待と苛立ち、希望と不安を抱えて臨む今の気持ちを君は、忘れないでくれ。


【2019年7月22日】


……と、読者のみなさんと同じようにここまで読んできて、かつてはその名前も知ることのできない〝未来〟であった令和の〝現在〟に自分もいる。

やっと筆者は読者に追いつけた。数カ月前の文章なのになかなかどうして、とっても古く感じるのには多少の驚きがある。元号が変わるということが人間の認知に与えるインパクトはいかばかりか？……などと話すと、わざと難しく言っているようで恥ずかしいが、やはり小渕さんの映像は、もう〝前の〟というイメージになってしまっている気がする。記憶の引き出しの置き場所が、少し奥の方へと配置換えされた感覚がある。

元号発表会見での菅官房長官は、たしかに「満面の笑み」と表現できるほどの笑顔ではなかった。だが、唇を真一文字にきつく締め、といったような、普段の会見の際の厳しい表情とも違うように見えた。

なぜか（と一応、とぼけておくけれど）あんなにエリック・クラプトンの名曲が世間で流れるなんて思ってもいなかったし。

希望を感じる風は、どうだろう。

何かが「変わった」「変わる」という「気持ちの魔法」は、少しだけ世の中に広がった気もする。だが、それは幻だ。幻であるから、ああ、そんなこともあったねと余韻だけを残して、あの会見の光景が落胆の気持ちを引き出す記憶になってしまうことも十分考えられる。だが幻であるからこそ、もっと自由に豊かに広がって、やがて現実のなかで本当に「変えよう」とするひとたちの背中を押すこともある。

風を追い風にするのか、向かい風にするのか。

すべては、こちらの身の振り方次第、か。さて、どう歩こう。

【2020年7月23日】

本当だったら明日、東京オリンピックの開会式が開かれているはずだった。〝たった数カ月〟という表現を過去の自分はつかっていたけれど、2020年が始まった頃、この数カ月に起きたことを想像できたひとなど、ほとんどいなかっただろう。自分は日刊スポーツに依頼され、2020年の元旦の新聞の1面に、こんな詩を書いた。それをここに引用する。

『これはあなたの物語だ』

2020年、東京

〝時代は変わる〟
遠くから聴こえてきたその声に

あなたは立ち止まって
困った顔をして、力なく笑って、そして首を振る
変わらない、いや、変えられない

光り輝くスタジアム
眩しさのなかで、走り、飛び、舞う、いくつもの背中
熱狂と落胆とが、渦となって、うねる
あなたは、それを見て、何を思うのか

56年前の東京にも
〝時代は変わる〟と言ったひとたちがいた
戦争で焦土と化した我が街を前にして
失われた命の残り香を、すぐとなりに感じながら
叶わない夢を見たひとたちがいた

物に富み、豊かになって、空を、陸を、自由に行き交う
それらが絵空事にしか思えない暮らしのなかに身をおいて
叶わない夢を見たひとたちがいた

やがて
いくつかの夢は叶った
いくつかの夢は叶わなかった
すべては過去になって、もう、むかし話だ

あなたは　今、ここにいる
2020年、東京

今には今の、現実がある

顔を上げる
スタジアムはまだ、輝いている
歓声が聴こえる
夢も、希望も、すべてはきれいごとだ
スタジアムの外には、おびただしい数の敗者がいる
祭典の喧騒のなかで、かき消される声がある
今日も涙しているひとがいて、
今日も誰かが責められている

この世界には、悔しさと、怒りと、あきらめとが、つみかさなっている
でもその現実の前で　あなたは生きていかなくてはならない

風が吹いている
56年前とはちがう風が、ここに吹いている

ひとは、強くはないが、弱くもない
かつての風のなかでも
絶望と呼んでいい現実のうえに
夢や、希望という、きれいごとを
生み出そうとしたひとたちがいた
すべてがうまくはいかなかった
だが、何度、現実に打ちのめされようとも
誰かが、きれいごとをつないできた
だからこそ、ひとは、今日を迎えている

つながれてきたそのすべてを〝時代〟と呼びながら
その先に、あなたも、僕も、立っている
順番はまわってきている

いつか今日も、思い出されるのだろう

２０２０年、東京

聖火台に燃える火に、あなたは何をみるのか
躍動する選手たちの背中に、あなたは何をみるのか
声をあげ、手を振る、観客たちの姿に、あなたは何をみるのか
そのすべてをつつむ風のなかで　あなたは何を思うのか
希望を見出せるだろうか　つなげられるだろうか

それとも

これはあなたの物語だ
問いかけてみてほしい

あなたもまた
はじまりの前に立っている

それぞれのタイミングで書いてきた言葉たちが、まだ未来を知らない無垢な状態で残っている。残酷なものだと思う。

日刊スポーツに寄せた散文詩のなかで、自分は「あなたの物語だ」という言葉を使った。大きな物語が自分の意思とは違うところにあって「時代は変わる」と口にすれば、何か世の中を語れているような気になれてしまう。

為政者なのか、カリスマなのか、名も無き民衆たちなのか。時代はいつもそういった誰かが変えるもの。誰もが傍観者でいることに慣れすぎていて「時代は変わる」と叫びはするが「時代〝を〟変える」とはなかなか言えない。

だがプレーヤーはあなた自身だ。あなたが当事者なのだ。

（もちろん自分も〝あなた〟のなかのひとりで、自分にも言い聞かせていた。）

そういう思いを込めて書いた文章だったが、世界は容赦などなかった。

想像もつかないほど劇的なかたちで、その問いを突きつけてきた。

今は誰もが〝当事者〟にならざるをえない状況だ。

誰もが明日、新型コロナウイルスに感染してしまうかもしれない。誰もが明日、職を失ってしまうかもしれない。すべてのひとが個々人のレベルにまで細分化されたバラバラの困難を何かしら抱えていて〝当事者〟であることを強いられている。

否応なく〝自分の物語〟と向き合わなくてはならない。大きな物語に甘えることはできなくなった。時代は〝変わってしまった〟のかもしれない。

大きな物語から投げ出された。それは〝きっかけ〟になるだろうか。


時は流れ、新型コロナウイルスの感染拡大による緊急事態宣言中という、かつてない苦しい状況下において、2021年の夏、東京オリンピック・パラリンピックは開催された。オリンピックの開会式・閉会式の翌日に配信される記事の執筆を、共同通信社から依頼され、両イベントをテレビで観覧し（依頼当初は現地に赴き観覧する予定だったが無観客開催となり、それが出来なかった）雑観を書いた。

ここにそれらを一部修正のうえ転載し、この「ほんとうに短い、時の手紙」を終えたいと思う。


【2021年7月23日】

開会式に寄せて

東京に聖火がともった。

MISIAさんの君が代は圧巻だった。開催直前の混迷。音楽制作チームの皆さんの苦労はどれほどだっただろう。森山未來さんのダンス。木遣り唄の躍動。市川海老蔵さんと上原ひろみさんの対峙。どれも見事だった。

さまざまな制限を余儀なくされ、会場でのパフォーマンスに比重を置くことは難しかったのか、映像での演出が多かった。だが、挟み込まれる映像は洗練されていた。映像制作チームの皆さんの手腕と意地を感じた。

選手入場ではゲーム音楽が使われた。ＳＮＳをのぞいてみると、ゲーム音楽を手掛けてきた音楽家たちが感慨を口にしていた。カルチャーとして地位を認められなかった時代もあったという。世間に軽んじられてしまうことがあっても、誠実にものづくりに励んできた人たちがいる。その努力によってアニメやゲームといった文化は世界に届いた。

心情的に苦しい立場に置かれているといえば選手だ。本来主役であるはずの彼らが応援を乞うことにさえも躊躇を感じてしまう今だ。入場する選手たちの笑顔には嬉しくなった。聖火をつないだ長嶋茂雄さんの姿にも胸を打たれた。長嶋さんはいったいどれだけ長い間、大勢の人たちの夢を受け止めてきたのだろう。

もちろん、名や顔が知られている人たちだけで大会が成り立つわけではない。度重なる困難の中、目の前の実務に取り組むしかなかった「現場」の膨大な関係者の人々はどんな厳しい日々を過ごしたのだろう。開会式のショーを成立させるという難題に立ち向かった彼らには敬意しかない。

セレモニーでは医療従事者の方々の姿もあった。そもそも、大会の開催以前に、この社会そのものを維持するために尽力してくれている人たちがいる。その存在なくして日常は守られない。

最後に聖火台に火をともしたのはプロテニスプレーヤーの大坂なおみ選手だった。大坂選手のような「個人」が開会式の最後を担う。そのことが全てを〝象徴〟していた。そう、象徴していた……。

ここまで開会式で目にしたことを長々と書いて、どこか切ない気持ちになるのはなぜだろうか。

「平和」「平等」「多様性と調和」

「新型コロナウイルスを乗り越える」「震災からの復興」

オリンピックで掲げられたいくつかの「大きな物語」。

揶揄しているわけではない。希望を語ることに意義はある。だが、大事なことがある。「大きな物語」は無数の人々の「小さな物語」によってこそ支えられている。「小さな物語」をないがしろにしながらでは「大きな物語」が育つことはない。

招致決定からの8年。選手、クリエーター、市井の人々……。個々人が懸命に生きる「小さな物語」はコロナ禍も加わり、多くのものを背負わされてきた。

今回の開会式に自分は「現場」の人々の力を感じた。全体としての一貫したトータリティーはあまり見えなかった。一方で、それぞれの個々人が厳しすぎる条件下で、自分たちの持ち場だけでもなんとか成立させようとした意地を感じた。

それは乱雑に語られた「大きな物語」のあらを、膨大な数の個人たちが献身的な努力でカバーしているような光景だった。失敗へと向かう「大きな物語」がその大きなだけの図体を、優秀で懸命な個人たちに寄りかからせているように見えた。「大きな物語」が見せる夢よりも「小さな物語」が費やした苦心に目を引かれてしまった。

それは8年前に望まれた景色だったろうか。

【2021年8月8日】

閉会式に寄せて

聖火は静かに消えた。

「スポーツには人を感動させる力がある」

あまりに使い古されたフレーズで鼻白む人もいるかもしれない。だが、スポーツを通じて垣間見える人間のドラマには、確かに人の心を動かすエンターテインメントとしての魅力があるということだろう。今大会もそのことを感じさせられた。

開催さえ危ぶまれた東京五輪。新型コロナウイルスの感染拡大は今も危機的状況が続いている。加えて途絶えなかった大会運営のトラブル。オリンピックはいつの大会であれさまざまな論点について賛否が渦巻くのが常だ。

しかし、今大会ほど「選手のことは応援したいのだけれど……」と見る側に複雑な気持ちを持たせた大会はなかったと思う。

難しい立場に置かれたのは選手たちだ。大会延期によって彼らは年単位で調整スケジュールの変更を強いられた。その中でパフォーマンスレベルを維持し、やっと大会開催を迎えても応援してもらえるかどうかは分からなかった。無観客という試合環境に限らず、大会を取り巻く空気が重く厳しいものであったことは誰よりも選手たちが肌で感じていたことだろう。

だが、その逆境においても選手たちは多くの人を感動させることに成功した。むしろ今大会に至るまでの過酷な経緯は、困難な状況でも自身を高め続けるトップアスリートの屈強さを際立たせ、人々の心を打った。

敗れた選手が「大会運営をしてくれたボランティアや関係者の皆さんに勝って恩返しをしたかった」と涙をこぼす場面もあった。選手たちはこの状況でプレーできることへの感謝を口々に述べ、試合を終えた時の笑顔や涙は、彼らがたどってきたストーリーの豊かさを十分に伝えていた。個人の人生という尊い物語がそこに立ち現れた時、その魅力の大きさはフィクションではなかなか太刀打ちできない。

今大会にネガティブな思いを強くしていた人々でさえ、競技を目にすると少なくとも選手たちには肯定的な思いを抱く人が多かったのではないか。しかし、選手たちの個人の物語が感動的であったがゆえに、余計に浮き上がるものもあった。

閉会式を見た。

開会式と同じく、統一されたビジョンは見えづらかったように思う。関わった制作スタッフの苦悩がうかがえた。大会での選手の激闘を振り返る映像が一番印象に残ったのは皮肉だった。選手にしても、現場の大会関係者にしても、式典に関わった関係者にしても、この大会で胸を打つのはいつも個人の奮闘であり努力だった。

だが、招致決定からの8年。僕らを感動させてくれた無数の「個人の物語」は本当に敬意を持って扱われてきただろうか。

開会式、閉会式に関わったクリエーター、出演者はその能力を十分に生かせるよう敬意を持って扱われただろうか。「多様性と調和」「新型コロナに打ち勝つ」というコンセプトの象徴とされた人々は、ただピックアップされただけにとどまっていないだろうか。選手がもたらしてくれた感動が、そのまま大会のビジョンの空白を埋め合わせるために使われてはいないだろうか。

優秀な個人の才能を生かせず、さらにはその献身的な奮闘をただ「使う」だけだったのならば、今大会が僕たちの未来に与えてくれたのは「夢」ではなく「教訓」であったように思う。

犬に撫でられる

犬を撫でているとき、こちらもまた、犬に撫でられているのだ。

いや、別に何か哲学的なことを言おうとしたわけではなくて、かわいい犬を撫でることは何にもまして心癒やされることですね、と。ただそれだけだ。

締め切りに追われて夜深くまで作業をする毎日。作業を切り上げて家族もとっくに寝た後の誰もいないリビングに戻ると、あおむけになって腹をこちらに差し出し「ほれ、撫でろ」と言わんばかりの犬の姿がそこにある。

「しょうがないなぁ」と言い訳のように一言つぶやいてから、わしゃわしゃと手で撫でてやると気持ち良さそうにして、やがて目をつぶり眠ったような顔をするから余計に愛おしい。心情の部分ではどちらが撫でられている側なのか分からない。

あいだに言葉がないから良いのだろうか。面倒な論理も込み入った利害関係もない。いや、犬の側からすれば、餌とか散歩とか、彼にとっては重要な利が飼い主の後ろ側に見えていて愛嬌を振りまいているのだろうけれど。

でも、そうかと思えば、こちらがため息をついているようなときに限って、いつもより近くに寄ってきて甘えるような仕草を見せてくれたりする。気持ちを分かってくれているのかなと都合よく解釈するけれど、それが正解かどうかは別にして、精神的なつながりがあるのだと感じられる瞬間は安らぐものだ。

人間社会は複雑だ。誰だって名前があり、ときに肩書があり、ときに役割がある。「あなたはあなたのままでいい」と言われても、それは多くの場合、字面通りには受け取れない。たいがいは互いにとって都合の良い、期待されるつながりの節度があり、それを逸脱しないことが暗黙のうちに了解されている。

やはり法を犯しては駄目だし、倫理を侵しては駄目なわけで、すべてを許し、存在そのものを肯定することは、社会のしがらみの中でしか生きられない人間にとって深い愛や覚悟を試され、簡単ではない。

なんだかとても大きな話になってしまった。デビューしてグループの名が知られ始めた頃、それ以前よりも活動を助けてくれる関係者が増えていく時期があった。グループの活動がうまくいけば、その規模の拡大に応じてチームの仲間も増えていく。それは幸運なストーリーだ。その一方で「もし自分が良い曲を書けなければ、この人たちは去っていくのだな」と不安に駆られたこともあった。

プロだから当然と言えば当然だ。あくまで能力に引かれて人が集まり、人間関係ができる。もっと能力のある者が現れれば、そちらに人が集まる。それは職業人として目を背けてはならない現実でもあるからだ。

そんな頃、実家の両親の言葉に助けられた。

彼らは「寝ているか?」「食えているか?」という2点に集約される質問しかしない。要は良い歌が書けなくても、彼らは自分が生きていることを許してくれているわけで、そんな大げさなとは思うかもしれないが、これは音楽を仕事にしてしまった人生のなかでは支えとなった。

毎日、テレビのなかで誰かが謝罪している。仮に自分が過ちを犯してもこの犬は帰宅すれば変わらず尾を振り、自分を出迎えるだろう。理屈を外して受け入れてくれる存在はやはり尊い。そう思っていると、犬の後ろから息子も笑顔で駆けてきた。ああ、彼もだ。これが家族か。そう気付いて、彼らに微笑み返した。

誰かが謝る姿

いつもは温和な同世代の知人が憤っていた。

「謝ったら負けだとでも思っているのだろうか」

自分よりもかなり年長で地位のある人が仕事でミスをしたという。経緯を整理すれば、その方に非があることは明らかで当の本人もそれを理解していないわけがない。だが、年長であることのメンツを保ちたいのか、はたまた借りをつくっては今後のやりとりで不利になると思っているのか、曖昧な言い草でいつまでも頭を下げない。当然、上から目線の態度も改めない。もはや事務的にでもいいから非を認めて、一言謝ってくれれば関係者みんなが前に進めるのに、謝らないから余計にことが複雑になる。困ったものだ、と知人が嘆く。

よくある話だ。地位があり、守らねばならぬメンツが肥大してしまった人が頑固になり、つまらぬ意地を張る。

立場のある人間が安易に謝ってはならない。社会を渡り歩くうえでのそんなセオリーもあるのかもしれないが、度を越えると周囲が迷惑するだけだ。

自分もいつか同じようになってはいけないな、と心に言い聞かせながら、ふとこうも思った。たしかに謝罪するという行為は以前よりもずっと特別なことになっているのかもしれない。年齢の話ではない。社会の変化の話だ。

悲しくて皮肉な言い方になってしまうけれど、今「誰かが謝る姿」はとても需要がある。いや、そんなことはない、私は見たくない、と皆さんは首を振るかもしれない。自分もそうだと思っていた。

けれども、自分はつい先日まで「倍返しだ！」と主人公が叫び、敵役の俳優たちが見事な土下座をしていくドラマに毎週くぎ付けになっていた。

ドラマはとても面白くて素晴らしかったけれど、敵役が完膚なきまでに叩きのめされ、地にひれ伏す姿にあれだけ高揚してしまうのは、どこかそれを求める気持ちが自分にもあるからだと思う。

フィクションだから、という言い訳もあまり意味をなさない。会ったこともない誰かの不倫や、自身は全く被害に遭っていない法律違反。考えてみてほしい、あくまで自分という個人の視点から見たとき、それらとフィクションとの間にいったいどれほどの距離があるだろうか。それは思ったよりも遠くないはずだ。

テレビやスマホの画面に誰かが謝罪する姿が毎日のように映し出され、それがニュースショーとして消費されていること。主人公が正義を貫き、悪に頭を下げさせる物語に喝采が送られること。両者は根底でつながっている。

SNSで激しい言葉の応酬が行われることは日常の風景となった。そこではより良い答えを議論によって共創していくことよりも、どちらが正しいかを結論づけようとする競技性のほうが顕著だ。謝るということはまさに敗北を意味していて、その重大さが謝ることへの恐怖感を高めている。今、僕らはひとたび非を認めれば徹底的に糾弾されてしまう世の中を生きている。

人気ドラマ『半沢直樹』で最大の悪役となった柄本明さん演じる箕部幹事長は、見せ場の土下座シーンで頭を下げた途端、まるでコントのようにそそくさと逃げ去った。その滑稽な逃げっぷりに大笑いしたが、ふと救われる思いもした。敗れる箕部は罪に応じて多くを失うが、彼らしい人間性までは奪われてはいなかった。

それがたとえ憎たらしいものでも、相手の人格まで壊す謝罪を強いることには恐れる自分でいたい。それは甘いだろうか。

「それでは歌のご準備を」

音楽番組の収録スタジオ。きらびやかな照明が司会席を照らしている。

小さい頃からテレビで見てきた有名芸人さんが司会をしていて、その隣にはこちらも毎日テレビで顔を見る人気アナウンサーが、秒刻みで予定が組まれた生放送の番組進行を完璧にこなしていく。自分たちは舞台袖で待つ。

「CM明けに紹介VTRが流れますので、そのタイミングでいきものがかりさんは登場してください」。スタッフの方が説明してくれるが緊張でちゃんと聞いていない。段取り通りにしなくてはと頭で確認しているうちに時間が来て「もう出てください！」とせかされ、慌てて舞台に上がるのがお決まりのパターンだ。

何台ものカメラがこちらに向けられている。カメラの横にはスケッチブックが掲げられ、事前に打ち合わせたトークテーマがマジックの太字で書かれている。カンぺというやつだ。この内容をただ素直に話せばいいだけなのに、マイクを向けられると途端に上手にしゃべれなくなって声が上ずったり、ごまかすために余計なことを話してしまったりする。こちらの失敗を司会の芸人さんは見事なフォローで笑いに変えてくれて、ほっとしたところで「それでは歌のご準備を」と促される。

ああ、またうまく話せなかった。みっともなかったかな。喉もとに何かがひっかかったような気持ちで演奏に入る。

デビューから十数年。人前で話すのはいまだに難しい。慣れることがない。

テレビやラジオ、そしてコンサートのステージ上。しゃべらなければならない機会は何度もある。ミュージシャンだから、それほど複雑なことは求められていないはずだが、レジェンドと呼ばれるアーティストほど話す言葉にも説得力があり、曲間のコメントに定評があることが多い。先輩たちのように、自分もオーディエンスを言葉でも楽しませなければと肩に力が入るが、ちょっとしたトークだって思い通りにはならず、終わってからため息をつくことばかりだ。

会話の難しさを知ったのは、音楽を始めて舞台に上がるようになってからだ。芸人さんにしろ、タレントさんにしろ、テレビで毎日その「おしゃべり」の光景を見ているから自分にもできるんじゃないか、なんて思ったら大間違いで、何度も赤っ恥をかいてきた。会話というのは誰もが日常的に行うものだ。だから身近に思えるし、つい簡単に見えてしまう。

でも、芸人さんやタレントさんが、たくみに繰り広げる会話というのは日常の会話とは似て非なるものだ。売れっ子と呼ばれる方々は言葉のトーンや間、チョイスがいつも絶妙で、たまに番組で共演してその技術のすごさを目の当たりにすると思わずのけぞりそうになる。

デビューした頃、ダウンタウンのお二人が司会の音楽番組に出演したことがあった。グループ名の由来を聞かれ自分が「それはいつも水野が答えていて……」と話そうとすると「じゃあ、君じゃない方で」と松本人志さんがボソッとおっしゃった。文章にすると、ただそれだけだ。ごく普通の会話に思えるけれど、会場は割れんばかりの爆笑になった。一瞬、横で何が起きているか分からなかった。

おそらく、そのときの空気感で笑いをとるのに最も適切なトーンで松本さんはおっしゃったのだろう。何でもない会話にまるで魔法がかけられたみたいだった。感動してしまった。しゃべることを生業とする人たちのたくみさには、いつも憧れしかない。

客席側の物語

神田松之丞（＝現、伯山）さんの講談をこの目で見てみたい。連載だとかインタビューだとか、こういう人様に読まれる場所で誰それのファンですと公言するのはそもそも、なかなか勇気が必要なことだ。

物事に引かれる熱には温度の高低というかグラデーションがあって、一言で「胸が熱くなるほど好きですよ」といっても、それが指先にじんわりとほてりを感じる程度なのか、骨の髄からマグマのように熱情があふれ出てきそうです、というほどなのか、同じ「好き」でも幅は広い。

後者のような感情を持っている人からすれば、前者の「好き」と一緒にされようものなら怒りがわいてくるのも無理はないことで、簡単に言ってしまえば「お前はにわかファンだろ！」という言葉は、何かを好きになり始めるとき、いつも人をびくびくさせる呪文だ。

素直に認めれば、自分は完全なる「にわか」だ。

にわか中のにわかと言ってもいい。いや、ごめんなさい。本音は古くからの熱心な講談ファンの皆さんにも、笑ってこの原稿を読んでいただきたいだけだ。すでに寄席などの現場では話題をさらっていたのに、テレビで松之丞さんがスポットライトを浴びて、やっと初めて存在を知ったような典型的な「にわか」の自分が、そもそも話題にすることに失礼があるのかもしれない。

人気芸人さんたちが次々と漫才やコントのネタを披露していくテレビ番組。レジェンドから今をときめく若手スターまで豪華なラインアップが続き、腹を抱えて笑いながら見ていると、それまでの流れと明らかに異なる空気をまとった和装の男が画面に現れた。

ものを知らない自分は一瞬、誰だ？と思ってしまったが、当の本人も冒頭、短いまくらの中で客に向かい「おまえ誰だ？の空気、半端ないんじゃないんですか？」と言い放って身構えた客席を笑わせた。

始まったらすさまじかった。客席はもちろん、テレビの前で「そもそも講談というものを見るのが初めてなんですけれど」と戸惑っていた自分のような人間も、わずか数分の間に鬼気迫る語りぶりに引き込まれ、主人公の宮本武蔵が敵に追い込まれるクライマックスシーンに至る頃には「講談って、こんなに迫力のある面白いものなんですか！」ともう完全に心をつかまれていた。

続きは？　その先は？とこちらが前のめりになったところで、お時間いっぱい今日はここまで、となって、彼が言い残した言葉がかっこよかった。

「続きは私を追っかけていただいて」

追っかけたい。これは触れてみたい。まずは発売されているCDやDVD、書籍を手に入れ、ラジオも聴く。見事。すごい。面白い、格好いい。もはや恋心か。当然そうなればこれは一度、ぜひ目の前で見てみたい。

と、ここまでの道を同じようにたどった人たちが全国に何万人いるだろうか。やはりチケットは入手困難。地方の口演にわずかに空席があるが、この日は仕事があってさすがに遠方には……ああ、もどかしい。

自分も舞台に立つ仕事をしているのに、恥ずかしながら今更痛感した。チケットを手に入れるお客様の気持ちって、こういうものなのか。誰だって仕事があり、事情もあり、お金のやりくりもある。だが万難を排して、こんな熱い思いを抱えてチケットを手に入れ、会場に足を運んでくれているのか。気迫みなぎるあのまなざしに、客席側の大切な物語も教えてもらった。

下戸の戦い方

昔よりも酒を飲まなくなった。

もともと強くはない。ビールを1杯飲めばすぐに顔が赤らみ、ひとときは陽気になって冗舌になるが、そのうち眠気をもよおし、盛り上がっている宴席で眠りだしたり、帰りたいという気持ちを顔に出してしまったり、その場の楽しさに水を差すような存在になってしまう。一応これでも大人だから失礼のないようにしたいし、酒席の興を削ぐようなことはしたくないと頑張ってはみる。だが、そんな理性みたいなものこそ酔いによって崩壊しているので、しまいには本心がダダ漏れとなり「なぜこんなに夜遅くまで酒好きに付き合わなきゃいけないんだ。なぜ飲めない自分がそちらの常識に合わせなきゃいけないんだ」と怒りにも似た感情があふれ出てきてしまって、険悪なムードをつくってしまうこともある。

だからそもそも酒席を避けるか、最近では飲食店でもノンアルコールビールを用意してくれていることが多いので、冒頭の乾杯だけはそれを手にして場の空気に合わせ、あとは頃合いの良いところで正直に「そろそろ」と提案することにしている。無理に付き合うことはやめた。というか、こちらが飲めないことを知っているのに、それでも怒りだすような相手ならたぶんいずれにしても長くは付き合えないだろう。向こうだって「俺の酒が飲めないのか、つまらない奴だ」と思っているだろうから、やはりウマが合わなかったということで致し方ない。

20代の頃は先輩方にご馳走して頂くことも多く、礼を欠いてはいけない立場だった。何よりも体力があったので無理をしてでもついていった。だが30代に入ると人付き合いでの諦めのようなもの、線引きのようなものをしてしまうようになった。自分はもう、一部の酒好きの皆さんが掲げる「社会常識」には適合できる気がしない。それで何か損をするのなら、もう仕方ない。甘んじて受け入れる。芸事の世界には先輩たちから頂いた恩を下の世代に返すという慣習があるが、自分は酒ではないかたちで後輩たちに何かを返そうと思う。

社会に出て十数年がたって、少し思ったことがある。若造がただ生意気になっただけなのかもしれないけれど、下戸の一意見と思って聞いてほしい。

やはり、こと仕事の話において「腹を割って本音で話そう」という場は酒席であるべきではないと思う。特に自分より上の世代の男性に多い印象があるが、仕事上でトラブルがあったり、深い議論を必要とする出来事があったりするとすぐに「一度飲みに行こうよ」と言いだす人が結構いる。にんまりと笑顔をつくり、こちらの肩に手でもかけてきそうな距離感で「酒を酌み交わしながらゆっくり話せば分かるよ」と言うのだが、これが下戸からするとまったく理解できない。

率直に言えば、酔いで理性を外さなければ仕事の本質的な部分について語れないのは仕事人として駄目だと思う。……などと仏頂面で身も蓋もない正論を吐くと「そんな固いこと言うなよ。分からないやつだな」と酒好きの皆さんの声が今すぐにでも聞こえてきそうだ。なかなかどうして、分かり合うのは難しい。

本音を言えば酒好きのペースですべてを進められたくないのだ。下戸には下戸の戦い方があるし、人との向き合い方がある。それもまた人それぞれか。

勝つことだけに夢中の正義

正義は勝ってしまう。幼い頃、自分はおばあちゃん子だった。

彼女の生前、孫の中で自分は最年少だった。いとこたちは皆10歳ほど年長で、一人だけ遅れて生まれてきた男の子を親戚中でかわいがってくれた。特に祖母は自分が生まれた頃はすでに高齢となっていたから、元来の優しい人柄がさらに丸くなっていたのだろう。甘えさせてくれた良い思い出しかない。

夏休みに帰省すると孫のわがままをいろいろと許してくれた。だが、その優しい祖母が一つだけ許してくれなかったことがあった。今思い出しても笑ってしまう。そんなにたいしたことではない。だが、彼女にとっては譲り難い鉄の掟だった。

「水戸黄門のドラマを見ているときは、チャンネルを変えるべからず」

それだけは許されなかった。子どもだったからアニメが見たいとか、ジャイアンツ戦の中継が見たいとか、あれこれと勝手を言っていたのだと思う。たまに来る孫は甘やかされ、テレビのチャンネルの選択権を与えられていた。インターネットがない時代だ。テレビでどの番組を見るかは家庭にとっての重要事項だった。

それを孫の好きにさせてくれていたが、ある晩チャンネルを変えようとすると、めずらしく祖母が静かな口ぶりで「ダメ」と言った。子どもながらに強烈に覚えている。祖母に「ダメ」と言われた記憶など、その一度くらいしかない。

聞いたことがないくらい低い声で「おばあちゃんは水戸黄門を見たい」と彼女は言った。声には意志が込められていて、こちらはすぐに言葉を返せず、唾を飲み込んだ。驚いた。おばあちゃんは水戸黄門がそんなに好きなんだ、と。

長寿ドラマだった水戸黄門シリーズも、若い世代ではなじみが薄い人も多いかもしれない。勧善懲悪の分かりやすい展開。悪役はシンプルで、不正を働く代官だったり意地汚い手を使う商人だったり。理不尽な状況に追い込まれた弱き市井の人々が水戸黄門一行の活躍によって結末では救われ、人情でほろりとさせるエピソードも加わる。子どもから大人まで、安心して楽しむことができる定番作品だった。

物語の中ではいつもひたすら素朴に倫理や道徳が描かれた。面倒見が良く心優しい祖母が好きだったことも頷ける。

しかし、あれから長い時が経って時代は変わってしまった。

それまで疑われることなく、絶対の真理だと思われていた多くの正義は相対化され、世の中は複雑だと理解されるようになった。祖母が水戸黄門を楽しんでいた頃ほど無邪気には、正義という題材を扱うことはできなくなったのかもしれない。

正義が向き合うものはもはや〝悪〟ではなくなった。この現代において正義が向き合うのは〝異なる正義〟だ。社会はアンパンマンにパンチをくらったバイキンマンの悲しみを考えるようになり、桃太郎に成敗された赤鬼、青鬼の悔しさを考えるようになった。それぞれに守るものがあり、支えとする正義がある。フィクションの世界でも勧善懲悪は単純には描かれなくなった。

誤解なきように言えばそれは悲しいことではない。社会が進歩したのだと思う。

多様性を認め、異なる考えをもった人間たちが共存できる社会。そんな寛容な社会の実現に向けての意欲を（たとえ、いくら失敗を重ねていようとも）世の中は以前よりも強く持っている。

だが、正義を単純に語れなくなったことは確かだ。

それゆえに「正しくありたい」という人間の欲望や不安は露出しやすくなったようにも思う。絶対に否定されない〝勝てる正義〟に今は誰もが飢えている。

法を破る。倫理を外れる。分かりやすく叩きやすい悪が出現すると、多くの人々が我先にと飛びかかる。悪に刀を振り下ろすことは誰からも責められないから、歯止めが利かなくなりがちだ。誹謗中傷が世間でいくら問題になろうとも、正義を実行しているのだと信じている人間は、自らの行為も一歩間違えればそう名付けられる危険性があることを、なかなか省みることができない。

躊躇のない正義ほど恐ろしいものはない。

正義は何度も勝ってしまう。勝ち負けだけが残る。

じゃあ世界はどう変わったのだ、と問われる前に、皆また違う悪を探している。

勝つことだけに夢中の正義は優しくない。

つながることができないものを

あくまで仮定の話だから、ぎょっとしないで聞いてほしい。

目の前に一人の男がいる。その形相は険しく、こちらを睨みつけている。

手にはナイフが握られていて、腕はわずかに血管が浮き出ている。強く握りしめているのだ。殺気を感じる。彼はこちらを刺そうとしている。もう逃げ場はない。襲いかかってきたとき、果たしてどうするべきか。

こんな問いに、とんちで逃げることに意味はない。答えはシンプルだ。

自分は戦うだろう。仮に家族がそばにいれば、その命を守るためにそれこそ彼と同じく攻撃性をむき出しにして立ち向かうはずだ。話がいささか唐突すぎたかもしれない。だが、自分はよくこのことを空想する。これが個人としての自分の限界だと思わされるからだ。

一個人にとって自分を殺そうとする人を愛することはとても困難だ。

ほぼ不可能だと言っていい。素朴な心情として考えの違う人たちとも仲良くありたいし、博愛や寛容と呼ばれるものを自分の日常においても実現したいと思う。だが、それはきれいごとであって、退っ引《のっぴ》きのならない究極の場面に立たされて自己の生死を天秤にかけられれば、分かりあえない他者との分断や拒絶を選んでしまうことは容易に想像できる。自分は聖人ではないから何も抵抗をしないままに刃を受け入れるということはできない。自分も彼に刃を向けるはずだ。

極端なたとえ話だとは思う。だけれども、人と人とが理解しあうということがいかに難しいかを考えるうえで思索の端緒にはなり得るはずだ。誰だって人間は、すべての人から愛されることは不可能であり、すべての人を愛することも不可能だ。それが自分も含めた個人という存在が抱える限界だと思う。

だが、こうも思う。殺そうと思うほどに自分を憎んでいる彼が、自分が書いた歌をかつて口ずさんだことがある可能性は少なからず、ある。

インターネットをのぞけば口汚い罵詈雑言があふれている。自分も表に顔と名前を晒している人間だから、刺々《とげとげ》しい言葉に傷ついたことは一度や二度ではない。それらを吐く人たちと仲良くなれる気などしない。彼らのことは嫌いだ。時にはいなくなってくれとさえ思う。だが、誰かを貶《おとし》めた言葉のあとにそんな人たちが「いきものがかりの曲をカラオケで歌った」などと呟いていたりする。自分がつくった歌が好きだと言う。自分は彼らと笑顔で会話はできないだろう。だが、歌は彼らのことさえも楽しませているらしい。スマホの画面をみつめながら考え込んでしまう。

大きな災害が起きたときに、いつも頭をめぐる迷いのことを思い出す。

いつだって自分は安全な場所で日常が続いている傍観者に過ぎない。当事者である被災者に傍観者が声を掛けても優しさになるとは限らない。むしろ非礼となり、傷つけることさえある。だが、迷い戸惑っているうちに、当事者の彼らが自分がつくった歌をくちずさんでいたりする。

東北の震災のとき、避難所の中学生たちが「ＹＥＬＬ」を歌っている光景を東京の自宅のテレビで見た。あのときの感情を忘れられない。情けない自分は何ひとつできなかったが、歌は役割を果たしていた。

一人の人間としては分かりあえない、つながることができないと思っていた人たちにも歌はつながっている。個人が超えられない分断を超えていく。分かりあえない者同士のつなぎ目となる。それが悲しみであれ、憎しみであれ、無理解であれ、無関心であれ、歌はときに軽やかにその壁を飛び越えていく。

それは歌の、ひいては「文化」の重要な存在意義だと思う。新型コロナウイルスの感染拡大による混乱もあった。誰もが分断に巻き込まれていくしかない日々が続いている。誰かが誰かを責める言葉が、日常にあふれている。

でも、だからこそ寛容と越境のよすがになりえる「文化」の価値は高まる。

あの心引かれぬ政治家も、愛の歌を歌ったことがあるはずだ。

その皮肉な事実こそが「政治」に対して「文化」が示す屈強さのようにも思う。

リアリティーはあなたの中に

すべてはあなたの心の中で、だ。

噺家《はなしか》が座布団の上で熱演している。小気味の良いリズムでほどよく抑揚がつけられた見事な話芸に観客は引き込まれる。

江戸の町人たちの軽やかな話のやりとり。物語はそばを食べるくだりとなる。「おやじ、ちょいとそばを一杯頼む。こいつはいいや、そばってのはなぁ」。せりふを言いながらそれとなく目の前の扇子をとる。左手でお椀を、右手で箸を持つ素振りをして口元で音を立てながらそばをすする。

同じ場面でも名人と呼ばれる人のそれはあたかも目の前に熱々のお椀があるように見えるという。実においしそうに演じるものだから、思わず食欲をそそられて、観客がつばを飲みこむほどのリアリティー。

だが、ふと考えてみると、そのリアリティーはいったいどこに立ち上がってきているものなのか。野暮だと分かりつつも確認するが、噺家の手にお椀はない。箸に見えているものは実際には扇子だ。当然、肝心のそばもそこにはない。では、どこにあるのか。そう、それは観客の頭の中にある。

鍛錬を積んだどんな名演だって、最後は観客の想像力に頼るしかないのが落語や芝居、音楽の面白さなのかもしれないなとよく思う。そばを食べたことのない違う文化圏に住む人々が、日本でそばに慣れ親しんだ僕らと同様のものを想像することは難しいだろうし、もっと言えば、昔の観客が想像していたそばと、現代に生きる僕らが想像するそばとでは、かなり趣きの違うものになるのではないだろうか。

「ここに一杯のラーメンがある」という文章を目にしたとき、北海道に住む方は味噌ラーメンを想像するかもしれないし、福岡に住む方はとんこつラーメンを想像するかもしれない。同じ物語を語られても、観客の頭の中で立ち上がる映像はその人自身の経験やライフスタイルに応じて、それぞれ異なるものになっているはずだ。

一人の噺家を前にして同じ物語を聞いているようで、実際は全く違う映画を頭の中で再生していると考えてもらったら分かりやすい。演じる側だってその想像が立ち上がりやすいように工夫をこらし、努力をするが、最後の答えを出すスイッチは指一本触れさせてもらえず、それは観客自身にしか押せない。それが芸事の難しさであり、面白さだなと思う。

数年前、あるイベント会場で女性に声をかけられた。目に涙を浮かべて「あなたが書いた歌に救われました」と言う。聞けば長年連れ添ったパートナーの方が闘病の末に亡くなられたそうだ。お二人ともいきものがかりの楽曲を好きでいてくださったようで、病室でよく聴いていたという。出棺のときも流した。別れまでの二人の時間にとって大切な曲になった。素晴らしい曲をありがとう、と伝えてくれた。

書き手にとってこれほどうれしい言葉はないけれど、こう答えた。「僕らの曲が素晴らしいのではなく、お二人で過ごされた日々が素晴らしかったのだと思います」。彼女は嬉しそうに笑顔でうなずいてくれた。

たった数分の歌の中に書けることが、聴き手がもつ膨大な人生の物語よりも豊かであるはずがない。歌が試されるのは、その豊かな物語にどれだけ深く触れられる

か、だけだ。答えを「出す」ことよりも、あなたの心の中の答えに「触れる」こと
をいつも考えている。

そして歌を書きながら

子どもの頃、自分が死ぬ夢を見た。

小学校3年生だったか、4年生だったか。

夢のなかでは朝が来ていて、子ども部屋のベッドを抜け出してリビングに向かうとテーブルを挟んで両親が突っ伏している。泣いているのだ。

「どうしたの？」と声をかけるが二人は反応してくれない。

実家のリビングのとなりには畳が敷かれた和室があった。和洋混在の間取りは今振り返ると少し違和感があるが、物心つく頃からそこで育ったので、当時は何の抵抗もなく受け入れていた。その和室に布団が敷かれている。布団には男の子が横になっていた。顔は見えなかったが、どうしてか、あれは自分なのだとわかった。

布団の四隅に白装束を着た狐たちが控えていた。

一団の頭目なのだろう、一匹の狐だけ他と比べて体軀が大きく威厳がある。そいつが背筋を伸ばしたまま重々しく「この子は死んだ」と呟いた。彼らは互いに目を合わせて頷くと一斉に四隅をひょいと持ち上げ、そのまま浮き上がり布団ごと天井をすり抜けて空へと消えていった。

こうやって書いていてもおどろおどろしいというか、いささか怪談めいている。多感な子どもの頃のことだから、その当時目にした映画かドラマかに影響されたのだろう。大人になった今なら「気味の悪い夢を見たな」と言って忘れてしまえば済むが、10歳になるかならないかの少年に気にするなというのが無理な話だった。あまりに怖がるので不憫に思ったのか、母が「夢の話はおばあちゃんが詳しいから聞いてみなさい」と浜松に住む祖母に電話してくれた。電話先では祖母の聞き慣れた明るい笑い声がはじけた。

「よかったねぇ。死んだ夢を見るのは縁起がいいだに。死んだ夢を見たひとは長生きするって昔のひとは言ったもんだで」

孫を安心させるための作り話だったのかもしれない。それとも昔のひとは本当にそう言っていたのか。いずれにしても大好きな祖母の声は孫の心を軽くさせた。思い返せばあのとき「おばあちゃんは自分が死ぬ夢を見たことがあるの？」と聞いておけばよかった。祖母はその数年後にこの世を旅立っている。

「死ぬ」とはいったい、どういうことなのだろう。

物事が少しずつわかりはじめた年頃で、自分も生から死への旅のなかにいるのだということを頭では理解しはじめていた。だが、まだ少年だった自分はこの身のもとにもやがて訪れるらしい「死」という不可解なものについて、ただ戸惑ったり、怖がったりするくらいしかできなかった。

テレビでは超常現象を扱う番組が人気で、怖がるくせによく見ていた。UFOだとか心霊写真だとか。なかでもノストラダムスの大予言は友達連中とのあいだでも大流行りで「どうやらこの世界は終わるらしい、自分たちも死んでしまうのだ」と教室でよく騒いでいた。

世界が滅亡する。予言によれば悪者が空から降ってくるらしい。

そんな風にテレビでナレーターが仰々しく語れば、小学生だった自分たちは「ならば、それまでにドラゴンボールの悟空みたいに修行をして、悪い奴らにかめはめ波でも打ってやろう」と漫画世界そのものの考え方で遊ぶことができた。

しかし、もう少し年長のお兄さん、お姉さんたちは違ったようだ。終末論の恐怖に心を奪われて、迷いの果てまでたどり着いてしまった彼らの一部は、新興宗教の門を叩き、救済の名のもとに、やがて凶事を引き起こしてしまった。

大人になれば、もう少し落ち着いて「死」というものを考えられるようになるはずだ。そう思っていたのに、阪神淡路大震災が起き、地下鉄サリン事件が起きて、大人たちも慌てふためいている姿を目の当たりにして、なんだ、生きることや死ぬことというのは大人になっても、わけのわからないものなのだ、こたえのないものなのだと思った。

どうも「死」というものは厄介なものだ。自分より多くのことを知っているはずの大人だって、その恐ろしさに狂ってしまうことがあるらしい。まだ子どもだった自分には、そのことのほうが「死」そのものの恐ろしさよりもよほど危なくみえた。

子どもながらに「死」を畏れていた。その畏れのもとで、どうやら自分も、大人たちと同じようにこの先を生きていかなくてはならないらしい。

この命には、限りがあるようだとわかりはじめた。

それには2種類あって「縦の限り」と「横の限り」がある。

「縦の限り」とは、この人生が永遠ではないということ。

どんなに長くても百年ほどで自分の肉体は滅びるということ。

命は始点と終点が一本の線でつながれている。進み出したら不可逆で、誰もがその旅からは逃れられない。旅が終わったひとには会えなくなる。聞き慣れた甲高い声は今でもすぐに思い出せるが、祖母にはもう会えない。自分も旅が終われば、それ以後、誰かと会うことはできなくなる。

「横の限り」とは、自己と他者とは違う存在であるということ。

誰かと理解しあうことはとても難しい。

あるいはほとんど不可能かもしれないということ。

高校生になって人付き合いがいよいよダメになった。クラスの誰とも話さないまま1年を過ごすような人間になっていた。会話という行為そのものができなかったわけではない。なんせ教室の外では6歳の頃に出会った友人と音楽グループを結成し、街行く大勢のひとたちの前でギターをかき鳴らして歌っていたくらいだから。

当時の自分にはうまく会話ができる相手とうまく会話ができない相手とがいて、両者の区別がはっきりしていた。日常における周囲とのコミュニケーションは繋がったり断線したりで安定せず、ぶつぶつと不連続だった。まるで接続の調子が悪いWi‐Fiみたいで、自分以外の存在と交流することにとにかく不器用だった。

年を重ねるたびにたくさんの言葉を覚えたし、たくさんの表情を知った。世間で何が流行っているのかもよく調べていたし、会話のあいだに漂う空気の読み方もそれなりに習得できたはずだ。それでも友達をつくるのはいつも難しかったし、誰かと笑顔で遊んでいるときでさえ、言いようのない寂しさが胸を満たすことがあった。そして決まってその寂しさは、外からは誰からも気づかれることがなかった。自分という器のなかにあるものを、どうも他のひとと共有することは難しいらしい。

この広大な世界にあって、そして時間という海のなかにあって、自分という命はちゃんと「限り」を持っていて、残酷なほどにはっきりと外と隔絶されている。

結局、その「限り」について自分は、ずっと今に至るまで考えてきたのではないか。

「限り」を越えられないだろうか。

なぜ歌をつくっているのかと自分自身を問い詰めれば、たどりつくのはそんな言葉だ。いや、褒められたいとか、お金が欲しいとか、自分の存在を知って欲しいとか、そもそもつくっていることが楽しいとか、品がないものからそれなりに格好のつくものまで、自分の欲望はいろいろな種類のものがあって、自問自答の最中にはそれらを何度も通り過ぎるのだけれど。

だが、仮にそれらが全部叶ったとしても、なお残るのは、生きている以上、自分が課されているその「限り」を、少しでも越えられないかという思いだ。

「限り」があることが寂しかった。

言葉を交わした誰かの命が終わってしまうことが寂しかったし、いずれ自分の命も終わるのだということが寂しかった。物事がわかっていくにつれ「死」は怖いものである以上に、寂しいものなのだと思うようになった。

母には子どもの頃から何度も「あなたはもっと他人に興味を持ちなさい」と叱られてきた。他者という存在にどう接していいのか、よくわからなかった。

おそらく自分はひとよりも相当、他者を思いやるということについて下手だったのではないか。学校でも家庭でも、あらゆる場所でつつがなく日常は進んでいく。だが、そこでは他者とのままならないやりとりばかりが続いていて、自分という器のなかにある感情がわかってもらえないことが寂しかったし、彼、彼女が考えていることがわからなかったことが寂しかった。

だから、この仕事を選んでからというもの、もはや駄々をこねる少年のように何度もしつこく、ずっと言い続けてきた。

万人に愛される歌を書きたいと。せめて歌は自分のような小さな存在の「限り」を越えていくようなものであってほしいと。

そんなことを真面目な顔をして言うと、決まって笑われるか茶化される。それどころか親切で優しいひとに限って、こちらを心配するような表情で諭してくれる。「すべてのひとに気にいられる作品をつくるなんて無理だよ。心身を崩すよ」

そう言われるたびに「はい」と頷いてきた。否定する気はなかった。それが事実だと思っていたからだ。その通りだと自分自身も心底から思っていた。

だが、万人に愛される歌を目指したいという欲望があることを、偽れるかというとそれはできなかった。

自分が死んでも残る歌が書きたかった。

わかりあえない誰かにも笑ったり、泣いたりしてもらえる歌が書きたかった。

それが不可能だという事実があるからといって、そこに甘えて、その欲望を上手に割り切れるようならば、ポップソングの書き手としては弱いと僕は思う。「限り」のなかに行儀良く収まるような作品なら、わざわざつくる意味がない。

自分は欲深くて、身の程知らずだったのかもしれない。

息子が生まれてから、数年が経った。

人間ドックの検査でひっかかって、肺に小さなデキモノがあると言われた。調べてみれば良性のようで、差し迫った治療の必要は全くなく「毎年ちゃんと診ておきましょうね」と言われた程度で、生活は拍子抜けするほど何も変わらなかった。ほっとしたが最初の検査結果が届いて「異常所見あり」という無味乾燥な文字を目にしたとき「ああ、こうやって人生は突然、時計の針が走り出す瞬間を迎えるのだな」と思ったことを覚えている。そしてそのとき、自分が仮にいなくなったら、息子や家族のこの先はどうなるのだろうと思ったことも覚えている。

息子が生まれてから自分は、自分の「死」以上のことを考えるようになった。

これまで自分は「死」というものは訪れてしまえばそれがゴールだと勘違いしていた。しかし「死」には続きがあった。誰かの「死」のあとを生きていくひとたちがいる。息子が生まれてやっと実感できた。自分も、祖母の「死」の続きを生きていたのだと。

歌のなかに描く「限り」も「限り」のあとを書くことが多くなった。

この世界に生きているひとは誰もが、誰かの「死」のあとを生きている。みんな、誰かの「限り」の先を生きている。それはもしかしたら生きている人間にとって、とても普遍的なことなのかもしれない。歌になるな、と思った。

さよなら　さよなら　春がきれいだね
泣かずにいれないよ　それでも生きなくちゃ
さよなら　さよなら　僕は先に行くよ
一緒にいた日々の　つづきを　これからを
さよなら　さよなら　ぜんぶ忘れない
想いをつれていく　一緒に生きていく
うれしい　涙が　こぼれおちるまで
歩いてみるから　どこかで　笑っていて

いきものがかり「TSUZUKU」より

「限り」が消えることはない。

今日も世界では孤独なひとりひとりが、それぞれの人生を生きている。誰もがいつかは死ぬし、誰もが隣のひととは分かり合えない。それでも生きている。

でも人間は「家族」という物語をつくったり「愛」という言葉をつくったりして、隔てられているそれぞれの「限り」が、まるでつながっているかのような幻想を立ち上げて、ずっと消えない「寂しさ」と向き合いながら、生きてきた。

歌も、人間が「寂しさ」と向き合うための幻想のひとつになれるんじゃないか。同じ「寂しさ」を抱える遠い誰かに、手紙を書くような気持ちで、今日も歌を書いている。

息子がはしゃぎながら自分が書いたメロディーを口ずさんでくれているとき、きっと僕は「寂しさ」を越えて、微笑むことができている。

謝辞

最後となりましたが、普段は音楽畑にいる自分を熱心にお誘いくださり、連載「そして歌を書きながら」を始める機会をくださった共同通信社の池谷孝司さん、藤原聡さん、今回の書籍化にあたり熱意を持ってご尽力頂いた新潮社の堀口晴正さん、島崎恵さんに、改めて深く感謝申し上げます。

本書に掲載されている文章は共同通信社から配信された連載コラムをもとにしています。とはいえ書籍化にあたり、いくらかの加筆修正も行いました。また連載コラムに加えて、書き下ろしのエッセイを二篇、水野が個人的に行っている実験的プロジェクト『ＨＩＲＯＢＡ』のサイト内に掲載した文章、そして共同通信社よりご依頼を受けて、東京オリンピックの開会式、閉会式に寄せて執筆した記事、日刊スポーツに寄稿した詩などを、一部修正のうえ、掲載しております。寄稿した詩を、本書に掲載することを御許可くださった日刊スポーツ編集部の皆様にも御礼申し上げます。

歌と同じように文章もまた、誰かに読まれることによって、命を与えられるものだと思います。

この本を手に取ってくださったあなたに、何よりも深い感謝を。

水野良樹

本書のご感想をぜひお寄せください

◆初出一覧

本書は共同通信社による配信連載「そして歌を書きながら」をもとに加筆・修正したものです。初出時のタイトルと配信日は（ ）の中に記した通りです。

・未来はどこにあるの（幼子が本質突く質問　笑顔で幸せな未来願う　2020.10.9）
・再会（変わる時代、変わらぬ友情　歩いた道、再会で実感　2019.6.14）
・高校生デビュー（褒められて伸びる　友の絶賛が原点に　2019.11.8）
・好きを仕事に（思っているより過酷　「好き」と仕事の距離　2020.9.11）
・かつての受験生から君へ（夢中で進んだ浪人時代　理想と現実の落差知る　2019.12.13）
・母と英語と水泳と（学びは楽しさが原動力　英語で歌う幼子見つめ　2019.7.12）
・未来を食って生きていく（人生は選択の連続　引退選手に自分重ね　2020.12.11）
・社会人一年生（独立で知る外の世界　一から学ぶ一般常識　2020.8.14）
・いつかまた、会いにいく（「また会いに行く」　残念なライブ延期　2020.6.12）
・たった一人の深い悲しみに（交番の掲示板に悲しみ　誰かの力になれる歌を　2020.4.10）
・桜のような歌を書きたい（今年も桜は咲いた　喜びも悲しみも重ねて　2019.4.12）
・祖母の手帳（祖母は今もどこかに　息子に続く物語　2019.8.9）
・父が撮りたかったもの（時を経て知る父の気持ち　アルバムに残る物語　2021.1.8）
・印税の明細から〝愛〟を知る（愛される歌は幸せ　印税の明細読み解く　2020.3.13）
・今日もコーヒーを飲んでいる（カフェに行けるぜいたく　店移り気持ちリセット　2021.2.9）
・ほんとうに短い、時の手紙（「新元号は何ですか?」　時を超えた手紙　2019.5.10）
・犬に撫でられる（愛犬に癒やされる　すべてを許す存在　2019.10.11）
・誰かが謝る姿（謝罪強いること恐れる　ＳＮＳで激しい応酬　2020.11.13）
・「それでは歌のご準備を」（司会者の話術に感服　慣れずにため息　2020.1.10）
・客席側の物語（「追っかけたい」　その名は神田松之丞　2019.9.13）
・下戸の戦い方（仕事の話は酒抜きで　下戸には別の戦い方　2020.2.14）
・勝つことだけに夢中の正義（「水戸黄門を見たい」　祖母が愛した正義　2020.7.10）
・つながることができないものを（文化の存在意義　災害でも果たす役割　2020.5.8）
・リアリティーはあなたの中に（最後は観客の想像力　芸事の難しさと面白さ　2021.3.12）

＊なお「親友」「そして歌を書きながら」は書下ろしです。

JASRAC 出 2108584-101

犬《いぬ》は歌《うた》わないけれど

発行　二〇二一年一一月三〇日

著者　水《みず》野《の》良《よし》樹《き》

発行者　佐藤隆信

発行所　株式会社新潮社
〒一六二‐八七一一
東京都新宿区矢来町七一
電話　編集部〇三（三二六六）五六一一
　　　読者係〇三（三二六六）五一一一
https://www.shinchosha.co.jp

装幀　新潮社装幀室

組版　新潮社デジタル編集支援室

印刷所　株式会社光邦

製本所　加藤製本株式会社

乱丁・落丁本は、ご面倒ですが小社読者係宛お送り下さい。
送料小社負担にてお取替えいたします。
価格はカバーに表示してあります。

ISBN 978-4-10-354341-1 C0095